Der schnelle un Leitfaden, um den Traumjob zu finden, den du willst!

Wähle deinen Weg, meistere deine Karriere, finde einen Job und du wirst nie arbeitslos sein

---

von

Rocco Mela

Copyright © 2021

1. INDEX

1. INDEX 3
2. EINLEITUNG 6
3. DIE BERUFLICHE LAUFBAHN 8
4. SOLLTEST DU DEINEN BERUF WECHSELN? 12
5. PLANE DEINE KARRIERE 15
    Arten von Karriereplänen 16
    Wann du deinen Karriereplan aktualisieren solltest 16
6. EINEN TOLLEN START IN EINEN NEUEN JOB BEKOMMEN 18
    Mache einen tollen ersten Eindruck 18
    Verstehe deine Prioritäten 19
    Mach das Beste daraus 19
    Karriere Fragen und Antworten 20
7. 25 KARRIERE-TIPPS 23
8. EINEN JOB FINDEN 30
9. DIE BESTEN RESSOURCEN UM SIE ZU FINDEN 32
10. DIE BEDEUTUNG DER VERNETZUNG 34
    Arten von Netzwerken 34
    Halte dein Netzwerk lebendig und gesund 36
11. FRAGEN UND ANTWORTEN ZUR JOBSUCHE 38
12. 25 TIPPS FÜR DIE SUCHE NACH EINEM JOB 44
13. MYTHEN ÜBER DEN LEHRPLAN ZU ZERSTREUEN 51
14. DIE ARTEN DES LEHRPLANS 55
    Chronologisches Format 55
    Funktionales Format 56
    Kombiniertes Format 57
15. FRAGEN UND ANTWORTEN ZUM LEHRPLAN 59

16.	25 TIPPS FÜR DAS SCHREIBEN EINES LEBENSLAUFS	68
17.	SENSITIVE DATEN	74
18.	SOZIALE MEDIEN	76
19.	DIE ZUSAMMENFASSUNG	77
20.	DAS ZIEL	81
21.	SKILLS	84
22.	BERUFSERFAHRUNG	87
	Informationen, die enthalten sein müssen	88
	Identifiziere deine Ergebnisse	88
	Wähle die Berufsbezeichnung sorgfältig	90
	Tipps, wenn du dich beruflich veränderst	91
	Fragen und Antworten zum Arbeitsbereich	92
23.	TRAINING	97
	Wie man den Abschnitt schreibt	97
	Fragen und Antworten zum Training	99
24.	SPRACHEN	102
25.	VOLUNTEERING	103
26.	FREIZEIT	104
27.	VERÖFFENTLICHUNGEN	106
28.	ZERTIFIZIERUNGEN	108
29.	ERHALTENE AUSZEICHNUNGEN	110
30.	EX-STRÄFLINGE	111
	Fragen und Antworten für ehemalige Gefangene	111
31.	SCHLÜSSELWÖRTER	114
32.	REFERENZEN	115
33.	DAS MOTIVATIONSSCHREIBEN	117
	Andere Arten von Briefen bei der Arbeitssuche	118
	Fragen und Antworten zum Motivationsschreiben	119

34.	25 TIPPS FÜR DAS SCHREIBEN EINES MOTIVATIONSSCHREIBENS	122
35.	LÖHNE VERHANDELN	127
	So verhandeln Unternehmen die Löhne	127
36.	TECHNIKEN FÜR LOHNVERHANDLUNGEN	129
37.	FRAGEN UND ANTWORTEN ZUM GEHALT	132
38.	DIE 25 TIPPS FÜR GEHALTSVERHANDLUNGEN	134

2. EINLEITUNG

Im Zeitalter von Technologie, Suchmaschinen und Apps, die dir Antworten auf Fragen anbieten, die du dir nicht einmal selbst gestellt hast, riskiert ein Handbuch, das dem Leser nützliche Hinweise zur Identifizierung einer gewinnbringenden Karriere geben will (Achtung: nicht nur "einen" Job zu finden, sondern "diesen" Job, der zu seiner vollen persönlichen Entfaltung beiträgt), mit Herablassung und Skepsis aufgenommen zu werden - vor allem von den vielen, die Gigabytes und Druckertoner verbraucht haben, um unnötigerweise tausende von Lebensläufen zu verschicken - und auf der Liste der interessanten, aber nutzlosen Veröffentlichungen zu landen.

Aber das hier ist etwas anderes.

Hier haben wir es weder mit dem pensionierten Ex-Manager zu tun, der von seinem bequemen Sessel aus ungefragte Ratschläge an junge Menschen geben möchte, noch mit dem jungen Absolventen der Sozialwissenschaften, der aus Büchern gelernt hat, Menschen und Situationen in Kategorien einzuteilen. Jedes Wort dieses gut strukturierten Handbuchs ist nicht mit Tinte, sondern mit Tränen, Schweiß und Blut geschrieben.

Der Autor beschränkt sich nicht darauf, dem Leser die Richtung aufzuzeigen, sondern er schlägt vor, ausgehend von seiner eigenen Erfahrung, die reich an Misserfolgen und Erfolgen ist, ihn zu begleiten, mit ihm die Zweifel, die Hoffnungen, die Unterscheidung, die Suche, das Warten, das Bangen, die Vorbereitungsarbeit zu teilen. Er wird zu einem Begleiter auf dem Weg, nicht zu einem Lehrer mit abstrakten und abgestandenen Lehren.

Jede Seite dieses Handbuchs verlangt daher eine Arbeit vom Leser, ein Engagement der eigenen Freiheit und Verantwortung, denn nichts ist selbstverständlich und nichts ist fällig in der heutigen wettbewerbsorientierten und globalisierten Welt. Aber dieses Werk wird dem Leser nicht wie eine schwere Last auf die Schultern geladen, die er alleine tragen muss: wie ein Lehrling in der Werkstatt eines mittelalterlichen Handwerkers wird der Leser immer jemanden an seiner Seite oder hinter sich finden, der bereit ist, ihn zu korrigieren, zu lenken, anzuspornen.

Denn so lernen und wachsen wir: indem wir jemandem folgen, der den Weg, den wir gehen wollen, bereits gegangen ist und der bereit ist, ihn mit uns für die Leidenschaft des Menschen erneut zu gehen.

Dieses Handbuch garantiert niemandem beruflichen Erfolg.

Jeder, der das tut, wäre ein Angeber und ein Scharlatan, wie die Schwindler, die im Westen das Elixier des langen Lebens verkauften.

Aber es garantiert etwas Wichtigeres: eine Erfahrung der Selbsterkenntnis und des "echten" Arbeitsmarktes, die in jeder Phase der Entdeckungsreise und Eroberung des Traumjobs nützlich, wenn nicht sogar entscheidend sein wird.

3. DIE BERUFLICHE LAUFBAHN

Im Durchschnitt wechselst du im Laufe deines Lebens sieben bis zehn Mal den Beruf.

Manchmal wechselst du deinen Beruf, weil sich deine Bedürfnisse und Wünsche geändert haben. Manchmal musst du den Beruf wechseln, weil sich der Beruf oder die Branche verändert hat, auf die du keinen Einfluss hast.

Aus diesen Gründen sollte Karrieremanagement und -planung ein lebenslanges Bemühen sein.

Der erste Schritt in der Karriereplanung besteht darin, festzustellen, ob deine derzeitige Karriere deinen persönlichen und beruflichen Bedürfnissen entspricht.

Bist du auf dem richtigen Karriereweg?

Um herauszufinden, ob du im richtigen Beruf bist, solltest du dir einige der folgenden Fragen stellen:

- Gehst du an den meisten Tagen gerne zur Arbeit?

- Macht es dir Spaß, was du bei der Arbeit tust?

- Bist du motiviert, deine Karriere voranzutreiben?

- Bist du bereit, zusätzliche Anstrengungen zu unternehmen, um weiterzukommen?

- Bist du in einem stabilen oder wachsenden Beruf?

- Passen die beruflichen Anforderungen zu deinem Lebensstil?

- Bist du zufrieden mit dem zeitlichen Engagement, das dein Beruf erfordert?

- Wo siehst du dich in den nächsten drei bis fünf Jahren projiziert?

Wenn du viele dieser Fragen mit "Ja" beantwortet hast, bist du wahrscheinlich im richtigen Beruf.

Du musst dann bestimmen, welche Fähigkeiten und Eigenschaften du entwickeln musst und welche zusätzlichen Erfahrungen du brauchst, um dich beruflich weiterzuentwickeln.

Wenn du mehr als ein paar dieser Fragen mit "Nein" beantwortet hast, ist es vielleicht an der Zeit, eine neue Karriere in Betracht zu ziehen.

Informationen über dich sammeln

Wenn du eine neue Karriere erforschst, musst du zuerst mehr über deine persönlichen und beruflichen Ziele verstehen.

Du solltest ein klares Gefühl dafür entwickeln, was du gerne tust, was du nicht magst und welche Balance du zwischen Karriere und Lebensstil suchst.

Schau dir die folgenden Themen an, um deine persönlichen und beruflichen Bedürfnisse zu ermitteln.

Talente

- Worin bist du gut?

- Was sagen andere, was du gut kannst?

- Was lernst du leicht?

Mache eine Bestandsaufnahme dieser Fähigkeiten, Fertigkeiten und Talente und überlege dir Jobs oder Karrieren, die diese Eigenschaften erfordern.

Interessen

- Was tust du gerne?

- Für welche Aktivitäten würdest du gerne mehr Zeit haben?

- Über welches Studienfach würdest du gerne mehr erfahren?

Es ist klar, dass du mehr Energie für deine Karriere aufbringst, wenn du Spaß an der Arbeit hast.

Definiere was wichtig ist

- Was ist dir wichtig?

- Was hält dich motiviert und mit Energie versorgt?

- Entscheide, wie wichtig dir Gehalt, Freizeit, Prestige und Arbeitsumfeld sind, und verwende diese Kriterien, wenn du über deine neue Karriere nachdenkst.

Umwelt

Das Umfeld ist der Hauptgrund, warum Menschen mit ihrer Berufswahl unzufrieden sind.

- Arbeitest du lieber selbstständig oder als Teil eines Teams?

- Magst du es, für deine Arbeit anerkannt zu werden?

- Würdest du lieber eine begrenzte Anzahl von Aufgaben haben oder regelmäßig neue und andere Aufgaben erledigen?

- Arbeitest du lieber im Büro oder im Freien?

- Bist du ein Anführer oder ein Mitläufer?

- Bist du auf der Suche nach einer Umgebung, die deiner Kreativität Raum zur Entfaltung gibt?

- Hast du Spaß am Lösen von Problemen?

- Willst du dich selbst ausdrücken?

- Magst du Abenteuer?

- Bist du ein Mensch der sozialen Interaktion?

Sei ehrlich zu dir selbst und entscheide, wie deine Persönlichkeit in einen bestimmten Karriereweg passen könnte.

Benötigt

Liste alle Bedürfnisse und Wünsche auf, ohne die du nicht leben kannst, und ihre Priorität.

In den meisten Berufen musst du Kompromisse eingehen: Du kannst zum Beispiel nicht gleichzeitig ein hohes Gehalt und eine 20-Stunden-Woche aushandeln.

Entscheide deine Karriere

Wenn du eine Liste potenzieller Berufe erstellt hast, überlege dir, welche Berufe du ausüben könntest und vergleiche sie mit dem, was du über dich erfahren hast.

- Hast du Spaß an den alltäglichen Aufgaben, die für die Position erforderlich sind?

- Könnte dieser Job deine Work-Life-Balance beeinträchtigen?

Kannst du dir gut vorstellen, in diesem Beruf "aufzuwachsen"?

Indem du dir diese Fragen stellst und die Antworten recherchierst, kann es dir helfen, deine Auswahl einzugrenzen und deine ideale Karriere zu finden.

Plane den Übergang

Wenn du dich für eine berufliche Veränderung entschieden hast, brauchst du einen Übergangsplan. Einen Plan mit wöchentlichen und monatlichen Zielen zu entwickeln, kann helfen, den Erfolg zu sichern. Lege einen Zeitplan fest, um jedes deiner Ziele zu erreichen. Wenn du eine zusätzliche Ausbildung oder ein Training benötigst, lege Termine fest, um eine Schule zu wählen, dich in Klassen einzuschreiben und dein Training abzuschließen.

Wenn du bereits über die Fähigkeiten verfügst, die du für deine neue Karriere brauchst, erstelle einen Plan, um deine Jobsuche zu organisieren. Aktualisiere dein Anschreiben und deinen Lebenslauf, um übertragbare Fähigkeiten und Fertigkeiten einzubeziehen, identifiziere Unternehmen und Positionen, die dich ansprechen, und bereite dich auf Vorstellungsgespräche vor.

Einen proaktiven Plan zu entwickeln und ihm dann zu folgen, ist der effektivste Weg, um dich in eine neue Karriere zu stürzen!

4. SOLLTEST DU DEINEN BERUF WECHSELN?

- Nicht zufrieden mit deiner Arbeit?

- Werden Menschen in deinem Beruf durch Technologie oder durch ausgelagerte Arbeiter in Ländern, in denen Arbeit billig ist, ersetzt?

- Hast du dein volles Potenzial in deiner Karriere erreicht?

- Gibt es einen anderen Beruf, der dich mehr interessiert als dein jetziger?

- Suchst du nach Veränderungen in deinem Lebensstil, die du nicht erreichen kannst, wenn du mit der Arbeit, die du jetzt machst, weitermachst?

- Ist deine aktuelle Karriere auf dem absteigenden Ast?

- Musst du in ein Gebiet umziehen, in dem dein Beruf nicht gefragt ist?

- Du hast ein Studium abgeschlossen und möchtest auf Basis deiner neuen Ausbildung eine Karriere anstreben?

- Fühlst du dich rastlos bei der Ausübung deines Berufs?

- Du suchst nach neuen Herausforderungen, die über das hinausgehen, was typischerweise in der Branche, in der du tätig bist, vorkommt?

- Bist du so unmotiviert, dass du dich sogar auf den Ruhestand vorbereitest?

Wenn du diese Fragen mit Ja beantwortet hast, dann solltest du einen Karrierewechsel in Betracht ziehen. Der Schlüssel zu einem erfolgreichen Karrierewechsel ist eine sorgfältige Planung.

Wäge die Vor- und Nachteile richtig ab

Analysiere zunächst deine Motivation für den Berufswechsel.

Erstelle zwei Listen: eine mit den Vorteilen, die du durch den Berufswechsel hast ("Pros"), und eine mit den unvermeidlichen Nachteilen ("Cons").

Im Folgenden findest du einige beispielhafte Vor- und Nachteile, die auf deine berufliche Veränderung zutreffen können:

Vorteile

- Höheres Gehalt

- Wenn du in einer höheren Rolle beginnst als dort, wo du jetzt bist, hast du vielleicht mehr Verantwortung

- Bessere Arbeitsbedingungen

- Verbesserte Arbeitsplatzsicherheit

- Interessantester Job

- Wichtigster Job

- Größere Arbeitszufriedenheit

- Größeres Potential für berufliches Wachstum

- Mehr freie Zeit

- Beste Vorteile

- Erhöhte Nachfrage nach Arbeitskräften

- Mehr Herausforderungen

Benachteiligungen

- Wahrscheinlich niedrigeres Gehalt

- Wenn du in einer niedrigeren Rolle beginnst als dort, wo du jetzt bist, hast du vielleicht weniger Verantwortung

- Gefühl des "Neuanfangs"

- Grad der Unsicherheit

- Hohe Anforderungen an Schulungen, Zertifizierungen oder Mitgliedschaften

Wenn du wechselst, sei auf den ersten Schock vorbereitet

Wenn du eine berufliche Veränderung in Erwägung ziehst, musst du dich auf die Auswirkungen einstellen und vorbereiten. Zunächst wird es persönliche und emotionale Veränderungen in deinem Leben geben. Du wirst ungewohntes Terrain betreten. Die gewohnte Routine und Umgebung wird gestört. Die Stärken, die du in deinen vorherigen Karrieren entwickelt hast, werden in einem neuen Umfeld neu angewendet werden müssen. Du wirst völlig neuen Situationen und Herausforderungen begegnen. Diese Veränderungen können Ängste, Unsicherheiten und Stress auslösen. Versuche, dich auf Unterstützung zu verlassen, die dir durch diese Phase hilft.

Eine Art der Unterstützung, auf die du zählen kannst, können Familie und Freunde sein. Beziehe sie in den Planungsprozess mit ein. Teile deine Ängste, Befürchtungen und Sorgen mit ihnen, damit sie den Prozess, den du unternimmst, verstehen und dich unterstützen können. Eine wichtige Funktion, die deine Familie übernehmen kann, ist es, dir zu helfen, dich zu entspannen und die Belastung zu reduzieren, die ein Karrierewechsel verursachen kann. Denke daran, dass du beim Karrierewechsel unweigerlich auf Hindernisse stoßen wirst, die deinem Plan im Wege stehen: Sie dienen aber dazu, deine Entscheidungen herauszufordern und deine Entschlossenheit zu testen.

5. PLANE DEINE KARRIERE

Dein Karriereprogramm dient einer Vielzahl von Zwecken, basierend auf deiner Branche, deinem Beruf und deiner Erfahrung.

Der Karriereplan für jemanden in der Einzelhandelsbranche kann sein, Verkäufer bis hin zu einem Abteilungsleiter zu werden. Der Karriereplan für einen Zahnarzt kann beinhalten, ein Labor zu gründen und zu entwickeln und später Leiter eines Teams von Zahnärzten zu werden.

Das Karriereprogramm für den Schweißer kann der Erwerb von zusätzlichen Fähigkeiten sein. Das Karriereprogramm für eine Mutter mit Kindern im Teenageralter kann über eine Vielzahl von Teilzeitstellen zu einer Rückkehr in die Vollzeitbeschäftigung führen.

Wie in den obigen Beispielen gezeigt, besteht die Rolle eines Karriereplans darin, alle Schulungen, Fähigkeiten oder Erfahrungen zu identifizieren, die für deine beruflichen Wachstumsziele erforderlich sind.

Indem du im Voraus planst, erhöhst du deine Chancen auf einen beruflichen Aufstieg, so dass deine Qualifikationen für eine Beförderung eisern sind.

Natürlich ist der Karriereplan nicht nur darauf ausgerichtet, Ziele für die ferne Zukunft zu identifizieren.

Tatsächlich kannst du den Plan nutzen, um kurzfristig Karrieremöglichkeiten zu bewerten.

Offensichtlich ist es nicht möglich, jede Gelegenheit, die sich dir bietet, genau vorherzusagen. Aber wenn du einen gut durchdachten Plan hast, kannst du unerwartete Gelegenheiten analysieren, indem du sie mit den im Plan festgelegten Zielen vergleichst. Der Plan kann dann zu einem Testfall für die beruflichen Entscheidungen werden, die du treffen wirst.

Nimm zum Beispiel an, dein Vorgesetzter macht dir folgendes Angebot: "Es gibt eine offene Stelle für einen Lagerleiter. Der Manager hat mich gefragt, ob du an einer Beförderung interessiert wärst.

Wenn du einen vordefinierten Karriereplan hast, kannst du dieses Angebot anhand eines Vergleichs mit deinen Zielen bewerten. Bringt dich die Stelle als Lagerleiter deinem Ziel näher oder lenkt sie dich von dem Weg ab, den du eingeschlagen hast? Dann kannst du deine Antwort auf mehr als nur ein Bauchgefühl stützen.

Du kannst dir deinen Karriereplan auch als eine Straßenkarte vorstellen. Die Reise ist deine berufliche Karriere und die Karte ist dein Plan.

Die Städte, die du besuchst, sind die Jobs, die du identifiziert hast. Die Straßen sind die Schritte, die du aufgelistet hast, die dich von Job zu Job führen.

Auf deinem Plan kannst du deinen beruflichen Fortschritt verfolgen. Der Plan hilft dir, alternative Routen zu bewerten und warnt dich, wenn du dein Ziel erreicht hast.

ARTEN VON KARRIEREPLÄNEN

Die gängigsten Karrierepläne sind zeitbasiert und umfassen 3, 5 oder sogar 10 Jahre. Die Planung innerhalb eines vorgegebenen Zeitrahmens ermöglicht es dir, Aktivitäten zu planen und den Fortschritt leichter zu messen.

In einem 3-Jahres-Plan kannst du Schritte auf monatlicher Basis identifizieren, wohingegen in einem Dekaden-Plan dein Bezugsrahmen in Form von Jahren sein könnte.

Andere Arten von Karriereplänen befassen sich mit spezifischen Ereignissen, wie z.B. einem Übergang zwischen den Karrieren, einer Rückkehr an den traditionellen Arbeitsplatz oder sogar einem Altersteilzeitprogramm.

Obwohl diese Pläne normalerweise zeitbasiert sind, können sie auch auf entscheidenden Ereignissen basieren, wie z.B. dem Erreichen eines Bildungsziels, der Einschreibung deiner Kinder am College oder dem Erreichen des Rentenalters.

Welche Art von Karriereplan du wählst, hängt von deinen Bedürfnissen ab. Wenn dein Leben zu hektisch ist, um mehr als drei Jahre am Stück zu berücksichtigen, beschränke dich auf einen Dreijahresplan.

WANN DU DEINEN KARRIEREPLAN AKTUALISIEREN SOLLTEST

Wenn sich deine Lebensumstände nicht ändern, dann muss dein Karriereplan nicht sehr oft aktualisiert werden.

Ein stabiles und unveränderliches Leben ist jedoch eine seltene Sache in der heutigen, immer schnelllebigeren Arbeitswelt. Berufliche Ereignisse werden sich mit Sicherheit auf deinen Karriereplan auswirken, wie z.B. Budgetkürzungen, Entlassungen, Versetzungen, technologische Fortschritte und Firmenfusionen. Persönliche Ereignisse, wie Krankheit, Scheidung, Tod eines Ehepartners und Naturkatastrophen, werden ihn gleichermaßen beeinflussen.

Typischerweise sollte ein Karriereplan auf jährlicher Basis aktualisiert werden, um die Fortschritte des vergangenen Jahres zu betrachten und neue Entwicklungen in der Zukunft zu antizipieren. Wenn berufliche oder persönliche Ereignisse eintreten, die sich auf den Plan auswirken, solltest du ihn basierend auf den Ereignissen, die du erlebt hast, aktualisieren.

Wenn du deinen Plan aktualisierst, speichere frühere Versionen, damit du deinen Fortschritt immer wieder nachvollziehen kannst. Versuche dann, eine Zusammenfassung der Ziele und Errungenschaften aus den vergangenen Jahren zu erstellen, damit du dich an deinen Karrierefortschritt erinnern kannst.

6. EINEN TOLLEN START IN EINEN NEUEN JOB BEKOMMEN

Morgen ist der erste Tag in deinem neuen Job! Was kannst du tun, damit du erfolgreich bist?

Im Folgenden erkläre ich die drei Eckpfeiler.

MACHE EINEN TOLLEN ERSTEN EINDRUCK

Um sicherzustellen, dass der erste Eindruck deiner Kollegen ein positiver ist, erscheine immer pünktlich oder vielleicht etwas früher zu Meetings und Terminen. Bereite dich vor und organisiere deine Gedanken und Notizen im Voraus, um zu zeigen, dass du in der Lage bist, Ressourcen und Aktivitäten zu managen. Denn zu spät zu kommen und nach Informationen zu fummeln, untergräbt das Vertrauen anderer in deine Fähigkeiten.

Bei den ersten Tätigkeiten, die dir zugewiesen werden, zeige so viel Eigenmotivation und Selbststeuerung wie möglich. Natürlich wird es vor allem am Anfang Situationen geben, in denen du bei deinem Vorgesetzten oder einem Kollegen nachfragen musst, ob du die Abläufe im Unternehmen verstanden hast, aber sei dir bewusst, wie oft du um Hilfe bittest, und versuche, Unterbrechungen zu minimieren. Vielleicht wäre es sinnvoll, deine Hilfeanfragen so zu planen, dass sie weniger störend sind.

Natürlich ist der primäre Maßstab für den Erfolg eines jeden Mitarbeiters der Grad, in dem Aufgaben korrekt und pünktlich erledigt werden. Der erste Eindruck deiner Arbeit, den dein Vorgesetzter und deine Kollegen von dir bekommen, basiert auf deiner Kompetenz und der Gewohnheit, Aufgaben konsequent zu erledigen und abzuschließen. Überprüfe deine Arbeit doppelt, um Fehler zu vermeiden. Plane genügend Zeit ein, um deine Arbeit zu überprüfen, bevor du sie deinem Vorgesetzten vorlegst.

Du musst zeigen, dass du aufgeladen bist und eine positive Einstellung bewahren. Das ist besonders wichtig, wenn du deine neuen Aufgaben und die Abläufe deines neuen Unternehmens lernst.

Du wirst lernen und dich an eine neue Arbeitsweise anpassen müssen.

Tritt nicht mit dem anfänglichen Eindruck in eine neue Position ein, dass du Änderungen diktieren kannst, um deinen Erwartungen oder früheren Erfahrungen zu entsprechen.

Auch eine gut eingespielte Führungskraft prüft die aktuelle Situation, bevor sie Veränderungen umsetzt.

VERSTEHE DEINE PRIORITÄTEN

Es kann hilfreich sein, deine Aktivitäten in Kategorien zu organisieren, die ihre Wichtigkeit anzeigen. Zum Beispiel kannst du Aufgaben nach Zeiträumen (täglich, wöchentlich, monatlich) oder nach Ebene (individuell, Arbeitsgruppe, Abteilung, Unternehmen) oder nach Wichtigkeit (sehr wichtig, wichtig, unwichtig) auflisten.

Der Zweck der Auflistung deiner Aufgaben ist es, dir zu helfen, deine Prioritäten zu verstehen und sicherzustellen, dass du die Aufgaben mit hoher Priorität rechtzeitig erledigst.

Wenn du deine Liste zusammengestellt hast, besprich sie mit deinem Manager. Das ist aus zwei Gründen wichtig: Erstens vermeidest du, dass du jedes Mal, wenn du eine Aufgabe identifizierst, zum Manager zurückgehst, um zu fragen, welche Priorität sie haben sollte; und zweitens zeigst du dem Manager, dass du Fortschritte im Verständnis der Aufgaben deines neuen Jobs machst.

MACH DAS BESTE DARAUS

Wie bereits erwähnt, kannst du deine Arbeit vor allem daran messen, ob du zum Erfolg des Unternehmens beiträgst. Diese Informationen solltest du von deinem Vorgesetzten in Form von Leistungsfeedback erhalten. Wenn du dafür bekannt bist, dass du deine Arbeit pünktlich erledigst, bist du bereits auf dem besten Weg, innerhalb der ersten drei Monate deiner Anstellung einen exzellenten Eindruck zu hinterlassen.

Wenn dein Vorgesetzter keine Feedbackgespräche mit dir plant, dann bitte darum, diese regelmäßig durchzuführen - zum Beispiel am Ende der ersten Woche, nach zwei Wochen, am Ende des ersten Monats und dann am Ende des dritten Monats. Sei sensibel für die Verfügbarkeit deines Managers, aber zeige ihm, dass du glaubst, dass das Feedback zu deiner Arbeitsleistung für deinen Erfolg wichtig ist. Wenn du dich mit ihm triffst, bitte ihn um einen Kommentar zu deiner Leistung und höre dann aufmerksam zu und mache dir Notizen. Unterbrich ihn nicht und versuche nicht zu erklären oder zu argumentieren. Die Einschätzung des Managers über deine Bemühungen ist sehr wichtig. Wenn er oder sie fertig ist, bitte um einige spezifische Vorschläge, wie du dich verbessern kannst. Höre weiter zu und mache dir Notizen. Verwandle deine Notizen in einen Aktionsplan und eine Liste von Schritten, die du beim nächsten Treffen befolgen kannst.

Wenn du in Gesprächen mit deinem Vorgesetzten oder bei deinen täglichen Aufgaben auf Bereiche stößt, in denen deine Fähigkeiten nicht ausreichen, finde heraus, welche Ressourcen dir zur Verfügung stehen, um dein Wissen zu erweitern und deine Fähigkeiten zu verbessern. Das Unternehmen hat vielleicht eine Schulungsabteilung oder eine Online-Seite, die du nutzen kannst, um mehr über den Job zu lernen. Bestätige deinem Chef die Wichtigkeit der Fähigkeiten, die du identifiziert hast. Zeige deine Initiative, um deinen Lernbedarf zu managen und präsentiere einen Plan, um diesen Bedarf zu decken.

Das Ziel ist es, deine Kenntnisse und Fähigkeiten zu erweitern, damit du dich leicht in die professionelle Kultur deines neuen Unternehmens einfügen kannst.

Ein weiterer Aspekt deiner Bewertung innerhalb deines neuen Unternehmens betrifft die Arbeitsbeziehungen zu den Kollegen.

Suche in den ersten drei Monaten der Beschäftigung nach Möglichkeiten, dich informell mit ihnen zu treffen. Lerne die Geschichte des Unternehmens und die Rolle der einzelnen Personen in dieser Geschichte kennen. Konzentriere dich zunächst auf deine unmittelbaren Kollegen und gehe dann nach und nach dazu über, Kollegen in anderen Abteilungen oder Arbeitsgruppen einzubeziehen. Sobald du dich mit deinen Kollegen vernetzt hast, kannst du deine Rolle im Unternehmen besser verstehen, indem du dich über deine Position informierst.

KARRIERE FRAGEN UND ANTWORTEN

1. Wie finde ich heraus, was ich tun möchte?

Wenn du über deinen ersten richtigen Job nachdenkst oder den, den du hast, wechselst, gibt es zwei Schritte, die du unternehmen kannst.

Als erstes machst du eine Reihe von Karrieretests, die du auch online für minimale Kosten kaufen kannst.

Die Ergebnisse dieser Tests geben einen Einblick in deine Stärken und Leidenschaften.

Der zweite Schritt ist genau so wichtig. Sprich mit Menschen aus verschiedenen Arbeitsumgebungen und Branchen. Finde heraus, was sie mögen, was sie nicht mögen, und wie sie ihre Arbeit machen. Dann vergleiche diese Informationen mit den Bedürfnissen und Wünschen, die du für deine Karriere hast. Das wird dir helfen, die Art von Arbeit zu identifizieren, die am besten zu dir passt.

2. Was, wenn ich ein Leben will, nicht nur einen Job?

Viele Menschen fragen: "Was muss ich tun, um ein Leben zu haben und nicht nur einen Job? Wie kann ich beides unter einen Hut bringen?"

Es gibt zwei Dinge zu bedenken. Erstens solltest du dir darüber im Klaren sein, dass die Mischung zwischen dem Grad der Hingabe an die Arbeit und anderen Aspekten des Lebens von dir abhängt. Wenn du bereit bist, deine Karriere zugunsten der Familie oder anderer Interessen aufzugeben, dann ist das deine Entscheidung.

Du musst einfach die Opfer verstehen, die mit deinen Entscheidungen verbunden sind und sie mit den möglichen Belohnungen vergleichen. Zweitens solltest du bedenken, dass die Arbeit den Rest deines Lebens beeinflusst und umgekehrt: Mit anderen Worten, es wird nie möglich sein, beides vollständig zu trennen.

3. Kann ich in einer sich verändernden Wirtschaft noch eine Karriere machen?

Viele Menschen sind besorgt, dass dramatische und schnelle Veränderungen in der Wirtschaft dazu führen, keine Karriere machen zu können.

Beginne damit, dass du denkst, dass eine Karriere heute etwas anderes bedeutet als das, was deine Eltern oder Großeltern gemacht haben.

Das Märchen, mit 20 Jahren einen bestimmten Weg einzuschlagen, auf diesem Weg zu bleiben und nach dem 60. Geburtstag in Rente zu gehen, ist reine Utopie, es ist Vergangenheit.

Du wirst mehrere Jobs und mehrere Arbeitgeber haben.

Heute musst du eine Karriere als etwas betrachten, das dir über einen langen Zeitraum hinweg Befriedigung verschafft, auch wenn deine Rolle und dein Beruf völlig anders sein werden als zu Beginn. Es bedeutet vielleicht weniger Jobsicherheit, aber wahrscheinlich auch mehr persönliche Freiheit.

4. Gibt es noch Arbeitsplatzsicherheit?

Jobsicherheit bedeutet mehr, als nur einen guten Job für deinen Chef zu machen.

Auf dem heutigen Arbeitsmarkt kann es sein, dass der Job, den du jetzt hast, morgen nicht mehr da ist.

Heutzutage bedeutet Arbeitsplatzsicherheit also, ein attraktiver Mitarbeiter für deinen aktuellen Arbeitgeber und für einen anderen Arbeitgeber zu sein, sollte sich die Notwendigkeit eines Wechsels ergeben.

5. Jetzt, wo ich einen neuen Job habe, ist meine Jobsuche vorbei?

Nicht wirklich. Erstens ist es wichtig, all den Menschen zu danken, die dir geholfen haben, deine neue Karriere zu finden. Zweitens, du hast noch viele Jahre vor dir. Deshalb ist es wichtig, eine Liste der Dinge zu erstellen, die du in deinem neuen Job tun musst, um sicherzustellen, dass du erfolgreich bist. Du musst einen Schritt voraus denken und immer wieder nach neuen Erfahrungen und Herausforderungen Ausschau halten, die dir helfen, deine Karriere auf die nächste Stufe zu bringen.

7. 25 KARRIERE-TIPPS

Bevor du mit der Jobsuche beginnst, solltest du dir ein paar Fragen stellen, wie zum Beispiel:

- Was möchtest du tun?

- Welche Art von Arbeit willst du?

Beantworte diese Fragen und lies die 25 Gebote weiter!

1. Kenne die Fähigkeiten, die du gerne benutzt.

Die Suche nach Arbeit beinhaltet eine Bestandsaufnahme der erworbenen Fähigkeiten und Kenntnisse.

Das wird dir helfen, die richtigen Entscheidungen für deine Karriere zu treffen.

Verstehe dich selbst: Werte, Interessen, Begabungen, Fähigkeiten, persönliche Eigenschaften, gewünschter Lebensstil, und werde dir der Zusammenhänge zwischen dir und deiner Berufswahl bewusst.

2. Bringe deine Leidenschaften mit deinen Fähigkeiten in Einklang.

Um eine erfolgreiche Berufswahl zu treffen, musst du deine Interessen mit den Fähigkeiten abgleichen, die du einem zukünftigen Arbeitgeber bieten möchtest.

Versuche einen Selbsteinschätzungstest zu verwenden, um Einstellungen, Persönlichkeit und Interessen zu ermitteln.

Du kannst viele davon auf Google finden.

3. Identifiziere deinen Weg.

Karriereplanung ist ein fortlaufender Prozess, der kontinuierliche Anstrengungen erfordert, um den sich verändernden Arbeitsbedingungen gerecht zu werden.

Um eine zufriedenstellende Karriere zu erreichen und zu managen, ist es daher entscheidend, den Weg, die bevorzugte Richtung, erkennen zu können, um effektive Strategien zur kontinuierlichen Verbesserung umsetzen zu können.

4. Optimiere die Ressourcen.

Im Internet gibt es viele Ressourcen, die dir bei der Karriereplanung helfen.

Nutze diese Ressourcen, um mögliche Berufe zu identifizieren, Informationen über diese Wege zu sammeln und diese Berufe mit deinen Fähigkeiten abzugleichen.

5. Erkundige dich nach Jobs, die dir Spaß machen.

Erfahre mehr über die Berufe, die dich interessieren, wie z.B. Ausbildungsanforderungen, Gehalt, Arbeitsbedingungen, Zukunftsaussichten und alles andere, was dir helfen kann, die bestmögliche Karriere zu bestimmen.

6. Fordere dich selbst heraus und sammle Erfahrungen.

Evaluiere deine Berufswahl und sammle praktische Erfahrungen durch Praktika, Sommerjobs, Freiwilligenarbeit und College-Projekte.

7. Sprich mit Menschen in dem Beruf, für den du dich interessierst.

Du kannst immer jemanden finden, der etwas gemacht hat, das dem, was du machen willst, zumindest nahe kommt.

Wenn möglich, triff dich persönlich mit ihm oder rufe ihn an, um die Art seiner Arbeit zu besprechen.

Du wirst eine Menge über deine neue Karriere lernen.

8. Bereite eine Datei vor, die sich nur mit deiner Berufswahl beschäftigt.

Bereite eine Sammlung von Jobbeispielen, einen Lebenslauf, Tipps, eine Liste von Referenzen, Kopien von ausgefüllten Bewerbungen und alle anderen Werkzeuge für die Jobsuche vor.

9. Organisiere deinen Plan für die Jobsuche.

Dazu gehört, dass du deine Karriereziele festlegst, deine Jobsuche planst und organisierst und deine Ziele in einem im Voraus zu wählenden Zeitrahmen erreichst.

10. Lebenslauf, Anschreiben und Interview vorbereiten.

Bevor du dich auf eine neue Jobsuche begibst, um deine Karriere zu verändern oder zu verbessern, ist es wichtig, Lebensläufe und Anschreiben speziell für den Wechsel vorzubereiten. Außerdem brauchst du mehr Zeit, um dich auf Vorstellungsgespräche vorzubereiten, da du üben musst, deine übertragbaren Fähigkeiten zu identifizieren und zu kommunizieren.

11. Antizipiere Probleme.

Eine Liste mit möglichen Problemen, die passieren könnten, hilft dir dabei.

Indem du dir die Zeit nimmst, für potenziell schwierige Situationen vorauszuplanen, kannst du bei Bedarf ein Hindernis in ein lösbares Problem verwandeln.

12. Verkaufe dich selbst.

Betrachte deine Jobsuche als eine Marketingkampagne; du wirst deine Fähigkeiten, Ausbildung und Erfahrung bei potenziellen Arbeitgebern bewerben.

Da du höchstwahrscheinlich einen Berufswechsel planst, musst du deinen Lebenslauf neu schreiben, um deine beruflichen Leistungen hervorzuheben, du musst wissen, wie du dein Netzwerk aus Freunden, Familie und beruflichen

Kontakten nutzen kannst, um andere hilfreiche Kontakte für offene Stellen zu finden, und du musst effektive Fähigkeiten für Bewerbungsgespräche entwickeln.

13. Finde heraus, welche Fähigkeiten Arbeitgeber wünschen.

Finde heraus, welche Fähigkeiten in deinem Interessengebiet gefragt sind, indem du die Anforderungen in den Angeboten liest, die du für deinen Beruf findest.

14. Erweitere deine Horizonte.

Beschränke dich nicht darauf, nach neuen Karrieren in Wachstumsbranchen zu suchen. Was heute wächst, muss nicht zwangsläufig auch morgen noch wachsen und in Wachstumsbranchen gibt es in der Regel einen starken Wettbewerb.

Lass dich stattdessen von deiner Forschung in unerwartete und unvorhergesehene Bereiche führen. Du wirst vielleicht überrascht sein, was du entdeckst.

15. Lerne neue Fähigkeiten.

Du wirst bald wissen, wonach Arbeitgeber in einem bestimmten Beruf suchen. Wenn du diese Fähigkeiten nicht besitzt, brauchst du eine Ausbildung. Heutzutage gibt es keinen Mangel an Trainingsmöglichkeiten: Selbststudium, Workshops, Konferenzen, E-Learning, Training on the Job und Praktika.

16. Entscheide, welche Arbeitgeber du kontaktieren willst.

Nachdem du die Unternehmen, für die du dich interessierst, analysiert hast, wähle diejenigen aus, die dir die besten Aufstiegschancen bieten und die offene Stellen in deinem Bereich haben. Dies sind die besten Arbeitgeber, die du während deiner ersten Suche kontaktieren kannst und die die besten Chancen auf Erfolg haben.

17. Sondiere den Arbeitsmarkt.

Je mehr du verstehst, wie sich globale Ereignisse auf den Arbeitsplatz auswirken, desto besser wirst du auf die Herausforderungen vorbereitet sein.

Um zu wissen, wohin sich der Arbeitsmarkt entwickelt, ist es in der Tat notwendig, aktuelle Trends zu sondieren.

Welche Industrien schaffen neue Jobs und Möglichkeiten? Welche Fähigkeiten werden benötigt, um in Zukunft konkurrenzfähig zu sein?

18. Entwickle einen täglichen Plan.

Nachdem du deine Karrierewahl getroffen hast, erstelle einen praktikablen Plan mit einem Zeitplan für jede der Strategien und Schritte, die du unternehmen musst.

Verfolge die Aktivitäten, die du jeden Tag machen wirst, z.B. Montag und Mittwoch sind dem Networking gewidmet, Dienstag und Samstag der Online-Jobsuche.

Deine Jobsuche muss wie ein neuer Job behandelt werden und es ist viel einfacher, sie zu bewältigen, wenn du eine Methode und Routine hast.

19. Jetzt planen.

Wenn du mit deiner aktuellen Karriere unzufrieden bist und jetzt nicht anfängst, einen Karrierewechsel zu planen, kann sich deine Einstellung weiter verschlechtern und beginnen, deine Leistung bei der Arbeit zu beeinflussen.

Beginne also mit deiner neuen Jobsuche, bevor deine Einstellung deine aktuelle Beschäftigung beeinflussen kann.

20. Bewerte deine Entscheidungen.

Vergleiche die Daten, die du über dich gesammelt hast, mit den Daten, die du über die Jobs gesammelt hast, die dir gefallen, und stelle dir diese Fragen:

- Siehst du dich in der Lage, all die verschiedenen Aufgaben im neuen Job zu erfüllen?

- Würdest du dich freuen, wenn du diese Verantwortung hättest?

- Kannst du deine aktuellen Fähigkeiten in deinem neuen Job einsetzen?

Entspricht dein neu gewählter Beruf deinen Bedürfnissen? Entscheide anhand dieser Fragen, welcher Job am besten zu dir passt.

21. Vergleiche dich mit Menschen, die du kennst.

Sprich mit Freunden, Eltern, Lehrern und Berufsberatern. Konfrontiere sie; höre dir ihre Ratschläge und Ansichten an, frage sie, in welchem Beruf sie dich sehen würden. Sie sind sicher, dass sie mit Karrierewegen aufwarten, die du nicht identifizieren konntest.

22. Optimiere die Online-Ressourcen.

Es gibt viele Seiten im Internet, die die tausenden von Karrieremöglichkeiten diskutieren. Entdecke diese Seiten, indem du "Karriere" zusammen mit dem Namen der Branche, die du in Betracht ziehst, in Google eingibst.

23. Fokus.

Nach all der anfänglichen Recherche und dem Überfliegen, konzentriere dich auf spezifische Karrieren, die dein Potenzial maximieren können.

24. Suche zu jeder Zeit in deinem Leben nach neuen Karriereideen.

Neue Karrieren können überall mit den richtigen Ideen aufgebaut werden.

Suche und schaffe kreative Umgebungen in allen Momenten deines Lebens: bei der Arbeit, im Verkehr oder beim Einkaufen.

Ermutige andere dazu, neue Ideen zu entwickeln. Nutze externe Quellen für neue Gedanken. Unterbreche deine Routine, wenn es angebracht ist. Gehe in die Bibliothek oder ins Museum. Lies eine andere Zeitung oder Zeitschrift. Sieh dir eine andere Art von Film an. Neue Ideen können von überall her kommen.

25. Sei geduldig.

Sei geduldig und realistisch. Erwarte nicht, dass dir eine glänzende neue Karriere in einem Wimpernschlag erscheint. Benutze deinen gesunden Menschenverstand, höre auf den Rat anderer, sei du selbst in Vorstellungsgesprächen und plane und denke und handle entsprechend.

8. EINEN JOB FINDEN

Definiere dein Ziel

Identifiziere die Art von Job, die du willst und welche Fähigkeiten du brauchst, um ihn am besten auszuführen. Ein klares Ziel zu haben, wird dir helfen, dich auf die Suche nach dem richtigen Job zu konzentrieren.

Geh aus der Menge heraus! Positioniere dich!

Erarbeite eine prägnante Präsentation, 30 Sekunden oder weniger, die umreißt, was du in das neue Unternehmen einbringen kannst. Dies sollte deine wichtigsten Fähigkeiten und Leistungen beinhalten - lerne deine Präsentation auswendig, damit du einem potenziellen Arbeitgeber schnell und prägnant deine Qualifikationen darlegen kannst.

Erstelle eine Liste von Zielunternehmen

Bestimme die Art des Unternehmens, in dem du am liebsten arbeiten möchtest. Berücksichtige die Art der Arbeit, die Größe, den Standort und die Unternehmenskultur.

Zu den Informationsquellen gehören Handelskammern, Artikel in Fachzeitschriften und Unternehmenswebseiten. Du solltest mindestens 30-50 Unternehmen identifizieren, auf die du dich anschließend konzentrieren wirst.

Messe deinen Fortschritt

Setze dir tägliche, wöchentliche und monatliche Mikro-Ziele und verfolge den Fortschritt.

Ein Ziel könnte sein, jede Woche drei Personalverantwortliche zu kontaktieren; ein anderes könnte sein, jede Woche 20 Lebensläufe zu verschicken.

Das Führen eines Protokolls über deine Aktivitäten bei der Jobsuche gibt dir Hinweise, wie du sie verbessern kannst.

Wie bereits erwähnt, betrachte deine Jobsuche als einen Job. Überprüfe deinen "Angriffsplan" jeden Tag. Analysiere deinen Fortschritt und stelle fest, ob etwas angepasst werden muss.

9. DIE BESTEN RESSOURCEN UM SIE ZU FINDEN

Vernetzung

Studien haben ergeben, dass die meisten offenen Stellen "besetzt" sind, bevor sie in Zeitungen veröffentlicht, auf Firmenwebseiten oder in Jobsuchmaschinen gelistet werden.

Daher ist der beste Weg, diese Jobs zu finden, über dein Netzwerk. Zu diesem Netzwerk gehören Freunde, Familie, Branchenkontakte und Mitglieder von Berufs-, Gemeinde- oder Freiwilligenorganisationen.

Versuche, mindestens ein oder zwei Personen pro Tag zu erreichen, entweder um einen ersten Kontakt herzustellen oder um ein vorheriges Gespräch fortzusetzen. Gib deinen Lebenslauf an Familie, Freunde, ehemalige Kollegen und Kontakte, die du in der Branche hast.

Bleibe mit jeder Person mindestens einmal alle zwei Wochen in Kontakt, um zu sehen, ob sie zusätzliche Informationen benötigt.

Dieser wiederholte Kontakt sollte sicherstellen, dass sie, wenn sie ein Jobangebot kennenlernen, das deinen Bedürfnissen entspricht, zuerst an dich denken.

Direkter Kontakt

Identifiziere 50 Unternehmen, für die du arbeiten möchtest. Finde heraus, wer an der internen Verwaltung von Fachkräften wie dir beteiligt ist.

Sobald du diese Person identifiziert hast, versuche, sie persönlich zu kontaktieren. Erkläre, warum du gerne für das Unternehmen arbeiten würdest und beschreibe, wie deine Fähigkeiten ihnen helfen können, ihre Ziele zu erreichen.

Wenn es eine offene Stelle gibt, frage nach einem Vorstellungsgespräch. Wenn es keine freie Stelle gibt, frage nach einem Informationsgespräch, um mehr über das Unternehmen und sein Geschäft zu erfahren.

Wenn das Treffen gut verläuft und eine Stelle in deinem Bereich frei wird, hast du gute Chancen, in die engere Auswahl zu kommen.

Zeitarbeitsfirmen und Personalvermittlungsunternehmen

Bitte Mitglieder deines Netzwerks, dir Personalvermittler und Personalagenturen zu empfehlen, die in der Lage sind, hochwertige Leads zu liefern. Eine weitere Möglichkeit, Personalvermittler und Recruiting-Unternehmen zu finden, ist natürlich das Internet.

Anzeigen

Stellenausschreibungen können über die Website des Unternehmens, in lokalen und nationalen Jobzeitungen und auf Job-Aggregator-Websites gefunden werden.

Jobmessen

Du kannst Anzeigen für Jobmessen in lokalen Zeitungen oder über das Internet finden. Notiere dir den Ort, das Datum und die Unternehmen, die auf der Messe sein werden.

Besuche die Stände der Unternehmen, für die du dich interessierst, jetzt, d.h. solange du noch voller Energie und Begeisterung bist. Schließlich solltest du viele Lebensläufe mitbringen, dich professionell kleiden und bequeme Schuhe tragen.

10. DIE BEDEUTUNG DER VERNETZUNG

Arbeitgeber suchen auf vielfältige Weise nach Mitarbeitern. Aber Kleinanzeigen, Hochschulbesuche, Jobmessen und andere Mittel, um Mitarbeiter zu finden, kosten Zeit und Ressourcen.

Wenn du also von einer freien Stelle weißt, bevor der Arbeitgeber Zeit und Ressourcen für die Suche nach einem Mitarbeiter aufwendet, sparst du dem Unternehmen Geld und hast weniger Konkurrenz für die Stelle.

Der Aufbau eines starken Netzwerks hilft dabei, neue Jobmöglichkeiten zu erkennen, bevor sie allgemein bekannt werden.

Ein Manager der mittleren Ebene kann zum Beispiel seine Kollegen über seine Jobsuche informieren, er kann mit Nachbarn und Freunden darüber sprechen, und wenn Wachstum innerhalb seines aktuellen Unternehmens sein Ziel ist, kann er sich mit seinem Vorgesetzten und Managern in anderen Abteilungen treffen.

Wenn er natürlich nach Möglichkeiten außerhalb seines aktuellen Unternehmens sucht, sollte er seine Suche diskret halten.

Ähnlich kann eine Hausfrau, die auf der Suche nach Arbeit ist, Lehrer und Kindergärtner über ihren Zeitplan informieren und die Eltern der Spielkameraden ihres Kindes nach Arbeitsmöglichkeiten fragen, von denen sie wissen.

Networking ist ein dynamischer und fortlaufender Prozess. Das Wissen über Jobmöglichkeiten kann aus unwahrscheinlichen Quellen kommen.

Je vielfältiger dein persönliches Netzwerk ist, desto besser sind deine Chancen, von neuen Jobangeboten zu erfahren.

ARTEN VON NETZWERKEN

Netzwerke können Menschen aus verschiedenen Bereichen deines Lebens einbeziehen, nicht nur aus deinem Berufsleben. Einer dieser Bereiche ist dein persönliches Leben; wir sprechen hier von Familie, Nachbarn, Freunden, Klassenkameraden und anderen zufälligen Bekanntschaften.

Lass deine Bekannten wissen, dass du auf der Suche nach einem Job bist. Verbreite deinen Lebenslauf und informiere dein persönliches Netzwerk über deine Karriereziele. Sie können dich nicht nur auf Möglichkeiten hinweisen, sondern auch als Unterstützungsgruppe dienen, während du mit deiner Suche vorankommst.

Der Schlüssel, um dein persönliches Netzwerk aktiv zu halten, ist regelmäßige Kommunikation. Wenn du einen Job gefunden hast, lass es deine Kontakte unbedingt wissen. Und, ganz wichtig, pflege und stärke weiterhin deine persönlichen Beziehungen, nicht nur zu deinem eigenen Vorteil, sondern auch zum Vorteil der einzelnen Mitglieder deines Netzwerks.

Der offensichtlichste Bereich deines Lebens, in dem du Kontakte finden kannst, ist dein Arbeitsleben: Arbeitgeber, Kollegen und Mitglieder der Berufsorganisationen, die du frequentierst.

Ob du deinen Arbeitgeber und deine Kollegen einbinden kannst, hängt natürlich von der Unternehmenskultur deines aktuellen Jobs ab. Einige Arbeitgeber unterstützen ihre Mitarbeiter bei der Suche nach neuen Positionen, sowohl innerhalb als auch außerhalb des Unternehmens.

Wenn Unternehmen zum Beispiel einen Personalabbau planen, bieten sie in der Regel Outplacement-Services für bestimmte Mitarbeiter an.

Networking-Techniken können Teil dieser angebotenen Dienstleistungen sein. Andererseits, wenn die Unternehmenskultur diejenigen "verpönt", die einen Wechsel in eine andere Abteilung oder ein anderes Unternehmen planen, bleibe sehr vorsichtig bei der Offenlegung deiner Aktivitäten zur Jobsuche.

Im Gegensatz zu persönlichen Kontakten, haben professionelle Kontakte ein besseres Verständnis für deine Fähigkeiten und Qualifikationen. Sie werden auch schneller von Stellenangeboten erfahren, die dir sympathisch sind.

Wenn du also dein Netzwerk ausbaust, konzentriere dich am besten auf deine beruflichen Kontakte, denn diese Menschen werden die produktivsten Kontakte liefern. Vergiss nicht, professionelle Organisationen zu besuchen, wie z.B. Handelsverbände oder Gewerkschaften. Lies Zeitschriften und Webseiten, die sich auf deinen Beruf beziehen. Besprich deinen Karriereplan mit deinen beruflichen Kontakten ausführlicher als mit persönlichen Kontakten.

Erkläre deine Vision für den Beruf und hilf ihnen, deine Beweggründe für die Suche nach einer neuen Position zu verstehen. Indem du deine Ziele verstehst, können deine beruflichen Kontakte dir helfen, dein Netzwerk zu erweitern und deine Suche zu verfeinern.

Wenn du schließlich eine neue Stelle antrittst, denke daran, dich bei denen zu bedanken, die dich bei deiner Suche unterstützt haben. Und sei bereit, anderen

Berufskollegen ähnliche Hilfe anzubieten. Ein aktives Netzwerk zu pflegen ist eine Zweibahnstraße. Du kannst nicht einfach um Hilfe bitten, ohne bereit zu sein, im Gegenzug Hilfe anzubieten.

Eine weitere Quelle für Networking-Kontakte kann am besten als Community-Networking beschrieben werden.

iese Art von Netzwerk kann Mitglieder von religiösen Organisationen, Gemeindegruppen, Schulorganisationen und Freiwilligengruppen umfassen. Wenn du an den Projekten dieser Service-Organisationen teilnimmst, kannst du tatsächlich andere Mitglieder kennenlernen und beginnen, dein eigenes Community-Netzwerk zu bilden.

Der Aufbau eines Community-Netzwerks muss einem sorgfältigen und bewussten Prozess folgen. Community-Organisationen existieren, um ihre Ziele zu unterstützen, nicht um dir ein Forum zur Verbesserung deiner Jobsuche zu bieten.

Viele Gruppen verbieten ausdrücklich, dass ihre Mitgliederlisten für nicht verwandte Aktivitäten verwendet werden. Sobald du dich jedoch mit anderen Mitgliedern und deren Berufsleben vertraut gemacht hast, findest du vielleicht Gelegenheiten, über deine Jobsuche zu sprechen.

HALTE DEIN NETZWERK LEBENDIG UND GESUND

Dein Netzwerk intakt zu halten, wird dir während deiner gesamten Karriere helfen.

Hier sind einige Punkte zu beachten:

- Bleib in Kontakt: Lass deine Kontakte über deine Aktivitäten und Erfolge wissen. Gib kurze Updates über deine Fortschritte. Lass sie dir helfen, darüber nachzudenken, wie du dein Netzwerk erweitern und deine Jobsuche stärken kannst.

- Gib deinen Lebenslauf weiter: deine Kontakte werden nicht nur deinen Hintergrund und deine Erfahrungen besser verstehen, sondern sie können dir auch Tipps geben, wie du deinen Lebenslauf verbessern kannst, um deine Karriereziele zu erreichen. Außerdem können deine Kontakte deinen Lebenslauf direkt an Arbeitgeber weitergeben, die auf der Suche nach Personal sind.

- Vergrößere dein Netzwerk: Jeder neue Lead, den du bekommst, hilft dir, dein Netzwerk in neue Bereiche zu erweitern, was dir dabei hilft, Informationen über neue Jobmöglichkeiten aus einer größeren Vielfalt an Quellen zu sammeln.

- Zeige deine Dankbarkeit: Wenn dir jemand bei einem Geschäftskontakt hilft, zeige, dass du die Hilfe zu schätzen weißt. Je nachdem, wie sehr dir deine Kontakte bei deinen Recherchen helfen, solltest du überlegen, ihnen kleine Geschenke zu schicken, um deine Wertschätzung zu zeigen. Wenn sie dich zum Erfolg geführt haben, lass sie wissen, dass ihre Hilfe wertvoll war und dass ihre Bemühungen geschätzt wurden.

11. FRAGEN UND ANTWORTEN ZUR JOBSUCHE

1. Was sollte ich bei einem Vorstellungsgespräch fragen?

Wenn du zu einem Vorstellungsgespräch gehst, ist es wichtig, diese Fragen nicht zu vergessen:

- Kannst du mir erzählen, wie sich deine Karriere entwickelt hat?

- Welche Fähigkeiten sind nötig, um in diesem Beruf erfolgreich zu sein?

- Was gefällt dir am besten an dem, was du tust?

- Was magst du am wenigsten?

2. Wie kann ich ein Netzwerk aufbauen?

Wenn du niemanden in dem Bereich kennst, in den du einsteigen möchtest, sprich mit Familie, Freunden, Nachbarn, Freunden von Nachbarn, Nachbarn von Familienmitgliedern darüber, dass du Arbeit suchst.

Diese Menschen sind dir gegenüber freundlich gesinnt und haben ein Gefühl der sozialen Verpflichtung, dir zu helfen. Du wirst durch deine Freunde oder Familienmitglieder mindestens eine Person finden, die die Art von Arbeit macht, die du dir wünschst.

Eine zweite Quelle sind Berufsverbände. Die Menschen in den Berufsverbänden sind in der Regel sehr bereit, jemandem zu helfen, der ihrem Beruf beitreten möchte.

Eine dritte Quelle ist das führende Fachmagazin.

Wenn der Name von jemandem in einem Artikel erwähnt wird, könntest du ihn kontaktieren, um dein Interesse an dem Artikel zu bekunden, als ein Mittel zum Networking.

3. Ist Networking wirklich notwendig?

Du könntest dich fragen,

- "Ich will einfach nur einen Job. Ist dieses ganze Networking wirklich nötig?"

Ja! Die meisten Jobs werden schon gefunden, bevor sie öffentlich gemacht werden, also ist es eine gute Idee, Networking zu nutzen, auch wenn du dich damit nicht wohl fühlst.

4. Wie bewerte ich ein Jobangebot, um zu sehen, ob ich es wirklich annehmen möchte?

Glückwunsch! Jemand hat dir ein neues Jobangebot gemacht. Solltest du sie annehmen? Das erste, was du tun solltest, ist dich selbst zu fragen,

- "Was will ich wirklich in meinem nächsten Job?"

Als nächstes machst du eine Liste mit Dingen, die du willst und ordnest sie nach Wichtigkeit. Sobald du eine Liste erstellt hast, was du von deinem nächsten Job erwartest, vergleiche sie mit dem, was das Angebot vorschlägt.

Wenn die meisten Anforderungen übereinstimmen, solltest du ernsthaft in Betracht ziehen, ja zu sagen. Wenn du feststellst, dass einige wichtige Dinge fehlen, solltest du stattdessen ein höfliches Nein geben.

5. Welche ethischen Fragen muss ich bei der Jobsuche beachten?

Erstens, verfolge nur Jobs, an denen du ein vernünftiges und aufrichtiges Interesse hast.

Zweitens: Achte darauf, dass alles, was du einem Arbeitgeber sagst, der Wahrheit entspricht, sei es in deinem Lebenslauf, in deinem Anschreiben oder in deinem Vorstellungsgespräch.

Drittens: Wenn du ein Angebot bekommst und ja sagst, dann mach keinen Rückzieher.

Wenn du schließlich eingestellt wirst, informiere die Unternehmen, die du angesprochen hast, dass du eine andere Arbeit gefunden hast, und kündige deinen aktuellen Job in Übereinstimmung mit dem Gesetz.

6. Muss ich das Unternehmen noch einmal besuchen, bevor ich ein Angebot annehme?

Wenn dir ein neuer Job angeboten wird, versuche mindestens einen Tag in der Firma zu verbringen. Beobachte die Leute bei der Arbeit, sieh dir an, wie sie miteinander umgehen und versuche, ein Gefühl für die Unternehmenskultur zu bekommen. Es stimmt, dass du das Unternehmen während des Vorstellungsgesprächs kennengelernt hast, aber du warst nervös, angespannt und darauf konzentriert, dich zu verkaufen.

Bei einem Folgebesuch kannst du jedoch Beobachtungen machen und Fragen stellen, zu denen du vorher keine Gelegenheit hattest.

7. Muss ich meinen Lebenslauf in eine Datenbank im Internet hochladen?

Es gibt mehrere Dinge zu beachten. Das erste sind die Kosten, die kostenlos sein sollten. Zweitens: Achte auf den Schutz deiner Privatsphäre.

Denke auch daran, dass die Eingabe deines Lebenslaufs in eine Datenbank nicht bedeutet, dass du aufhörst, nach Arbeit zu suchen.

Schließlich haben mit einer Datenbank viele Arbeitgeber Zugang zu deinen Informationen. Daher ist es eine gute Idee, vorbereitet zu sein, falls du einen unerwarteten Anruf erhältst - es ist viel besser zu sagen: "Ich bin sehr froh, dass Sie angerufen haben" oder "Ich bin sehr aufgeregt, Sie kennenzulernen", als zu sagen: "Ich weiß nicht, wovon Sie reden" oder "Ich habe noch nie von Ihrem Unternehmen gehört."

8. Ist es besser, einen neuen Job in einer rezessiven oder einer wachsenden Wirtschaft zu suchen?

Viele Menschen fragen sich, wie sich der Zustand der Wirtschaft auf ihre Pläne, einen neuen Job zu finden, auswirken sollte.

Um es einfach auszudrücken, du solltest dich nur um Dinge kümmern, die du beeinflussen kannst, und den Zustand der Wirtschaft kannst du sicherlich nicht beeinflussen. Was ich meine ist, dass du deine Energie in die Suche nach einem neuen Job stecken solltest, der am besten zu deinen Zielen passt.

Suche nicht nach Arbeit, wenn die Wirtschaft gut ist oder wenn sie rückläufig ist, sondern wenn das Wetter "gut für dich" ist.

Natürlich solltest du die am stärksten nachgefragten Jobs und Wachstumsbranchen in deine Suche einbeziehen, aber beschränke dich nicht nur auf diese.

Erstens, weil, wie bereits erwähnt, das, was heute benötigt wird, morgen vielleicht nicht mehr benötigt wird.

Zweitens sind die Jobs, die auf dem Arbeitsmarkt am meisten gefragt sind, diejenigen, bei denen es viel mehr Konkurrenz geben wird.

Drittens sind Berufe, die Jobs in wachsenden Branchen anbieten, vielleicht nicht zufriedenstellend für dich.

9. Welche persönlichen Eigenschaften helfen oder schaden meinen Bemühungen, einen neuen Job zu finden?

Es gibt drei persönliche Eigenschaften, die dir bei deiner Jobsuche helfen werden.

Zuallererst: Geduld. Es braucht Zeit, um deinen nächsten guten Job zu finden.

Zweitens: Ausdauer. Du wirst auf deinem Weg Enttäuschungen erleben, aber wenn du bis zum Ende durchhältst, wirst du den Job finden, den du willst.

Drittens: Denke daran, immer höflich zu sein. Manchmal kommt unsere Frustration oder Besorgnis als Wut oder Unhöflichkeit gegenüber Menschen heraus, aber in Wirklichkeit willst du immer einen positiven Eindruck hinterlassen.

Auf der anderen Seite sind zwei Eigenschaften bei der Jobsuche sehr gefährlich:

- Das Recht, es zu haben: "jemand schuldet mir einen Job", "ich arbeite hart", "ich bin ein kluger Mensch". Das mag alles wahr sein, auf jeden Fall, aber denke daran, dass dir niemand etwas "schuldet". Alles, was du bekommst, musst du dir verdienen.

- Die andere gefährliche Eigenschaft ist das Gefühl der Bedrohung: "Wenn ich morgen keinen Job habe, weiß ich nicht, was ich dann tun werde."

Nun, was du tun wirst, ist morgen einen Job zu suchen, und am nächsten Tag, und am Tag danach, und wenn du eine Person mit Talent und Ausdauer bist, wirst du ihn bekommen!

10. Was sind die wichtigen Schritte bei der Jobsuche?

Der erste Schritt in einer erfolgreichen Jobsuche-Kampagne besteht darin, einen echten Wunsch nach Veränderung zu erkennen. Dazu gehört die Bereitschaft, die Mühe, Zeit, Arbeit und Geld in die Suche zu investieren.

Zweitens ist es sehr wichtig, dein Netzwerk von Bekannten einzubeziehen. Sprich mit deinen Kontakten über deine Suche nach dem neuen Job.

Identifiziere und recherchiere außerdem potenzielle neue Arbeitgeber. Wenn du das getan hast, ist ein guter Zeitpunkt gekommen, um deinen Lebenslauf und ein aussagekräftiges Anschreiben zu verfassen, eine E-Mail zu schreiben und einen Anruf zu tätigen, um ein Vorstellungsgespräch mit den Unternehmen zu vereinbaren, die du kontaktiert hast.

11. Was passiert, wenn ich über einen längeren Zeitraum arbeitslos war?

Ich will ehrlich sein: Deine Berufserfahrung wird nicht so aktuell sein wie die anderer Leute, die den Markt nicht verlassen haben. Außerdem bist du nicht so gut an ein professionelles Netzwerk angebunden, weil du nicht mehr im Berufsleben stehst.

Aber denke daran, dass du immer noch deine Stärken und Talente hast; es wird einfach eine längere Reise sein.

12. Worauf sollte ich bei einem Unternehmen achten?

Finde die folgenden Schlüsselinformationen heraus:

- Produkte und Dienstleistungen

- Kurz- und langfristige Ziele

- Die Größe des Unternehmens, sowohl in Bezug auf die Anzahl der Mitarbeiter als auch auf den Kapitalwert

- Jährliche Einnahmen und Gewinne

- Konkurrenten

- Der Standort der Hauptbüros und Einrichtungen des Unternehmens

- Die Namen des Präsidenten und anderer hoher Beamter

- Der Name (und wie man ihn ausspricht, wenn er fremd ist) der Person, mit der du ein Interview führen wirst

- Wo ist der Ort, an dem das Interview stattfinden wird und wie du dorthin kommst

12. 25 TIPPS FÜR DIE SUCHE NACH EINEM JOB

Die Suche nach einem neuen Job kann eine der schwierigsten, aber potenziell lohnendsten Unternehmungen sein, mit denen du konfrontiert wirst. Die Herausforderung besteht darin, das Engagement, die Geduld und die Ausdauer aufrechtzuerhalten, die eine Jobsuche erfordert. Die Belohnung ist, einen Job zu finden, der perfekt zu deinen persönlichen und beruflichen Bedürfnissen passt. Für eine erfolgreiche Jobsuche ist es wichtig, dass du vorbereitet, fokussiert und organisiert bist.

Ein wichtiges Werkzeug, um dieses Ziel zu erreichen, ist ein Arbeitsplan, der den Forschungsfortschritt klar definiert, verfolgt und misst. Nutze deinen PC, um deinen eigenen persönlichen Plan zu erstellen.

Hier sind 25 Tipps, um zu lernen, wie du die Zeit, die Effektivität und die Erfolgswahrscheinlichkeit deiner Forschung maximieren kannst!

1. Erkenne dich selbst.

Die Jobsuche gibt dir die Möglichkeit, von Grund auf zu entscheiden, wer du bist. Identifiziere, welche Fähigkeiten und Kenntnisse du besitzt und definiere, was du tun willst. Was willst du vom Leben? Einen Job? Eine Karriere? Wo willst du in ein paar oder vielen Jahren sein? Bist du glücklich mit deinem Job und deiner Karriere? Was würdest du gerne ändern? Diese Art der Analyse wird deine Fähigkeiten sowie deine Ziele für die Zukunft klären.

2. Direkt auftragen.

Identifiziere 30-50 Arbeitgeber und beginne sie zu kontaktieren. Finde heraus, welche Positionen verfügbar sind, lerne die Namen der Personalverantwortlichen kennen, schicke deinen Lebenslauf ab und kommuniziere deinen Wunsch, Teil ihres Teams zu werden.

3. Frage Familie und Freunde, ob sie von offenen Stellen in ihren Unternehmen wissen.

Sie wissen vielleicht von freien Stellen, wo sie arbeiten, entweder direkt oder durch andere Freunde.

Wenn du jedem, den du kennst oder triffst, erzählst, dass du auf Jobsuche bist und ihre Hilfe zu schätzen weißt, wirst du deine Erfolgschancen deutlich erhöhen.

4. Forschung in verdeckten Arbeitsmärkten.

Networking, Verbindungen, Mundpropaganda, sind die versteckten Jobmärkte. Jedes Mal, wenn du mit einer Person in Kontakt kommst, besteht die Möglichkeit, dass sie mit anderen Menschen in Kontakt steht, die dir helfen können. Die meisten verfügbaren Jobs werden durch Networking "besetzt". Ob du es glaubst oder nicht, dies ist deine wertvollste Ressource!

5. Bitte den ehemaligen Arbeitgeber, dir alle Kontaktinformationen zu geben.

Niemand kennt deine Fähigkeiten, dein Engagement und deine Disziplin besser als ein ehemaliger Arbeitgeber oder Hochschulprofessor, der die Gelegenheit hatte, direkt mit dir zu arbeiten. Da immer mehr Menschen ihre Jobs durch direkte Empfehlungen finden, ist dies eine Gelegenheit, die du dir nicht entgehen lassen kannst.

6. Verbringe mehr und mehr Zeit mit deiner Jobsuche.

Einen Job zu bekommen ist ein Job! Behandle ihn wie einen normalen Job und widme ihm eine bestimmte Anzahl an Stunden pro Woche. Das wird die Zeit, die du brauchst, um einen Job zu finden, drastisch reduzieren.

Wusstest du, dass die durchschnittliche Person nur etwa 5 Stunden pro Woche mit der Jobsuche verbringt? Mit dieser Statistik ist es nicht verwunderlich, dass die Jobsuche ein langer und mühsamer Prozess sein kann.

Worauf wartest du also noch? Willst du durchschnittlich bleiben oder schnell einen Job finden?

7. Konzentriere die Jobsuche in kleinen Unternehmen.

Die meisten neuen Jobs werden von kleineren, wachsenden Unternehmen kommen, typischerweise mit weniger als 500 Mitarbeitern. Obwohl größere Arbeitgeber sichtbarer, bekannter und "aggressiver" bei der Suche nach

Mitarbeitern sind, hast du bei kleineren Unternehmen die besten Chancen, einen Job zu finden. Achte besonders auf die Unternehmen, die expandieren. Sie sind einfacher anzusprechen, in der Regel leichter mit wichtigen Entscheidungsträgern in Kontakt zu bringen und treffen eher schnell eine Auswahl.

8. Triff dich jede Woche mit mehreren Arbeitgebern.

Wenn du nur sechs oder sieben Arbeitgeber im Monat besuchst, verlängerst du die Suche und verzögerst ihren Erfolg. Mach dir einen Plan, um mindestens 3 bis 5 Arbeitgeber pro Woche zu sehen!

Die Jobsuche ist auch ein Zahlenspiel.

Je mehr Kontakte du knüpfst, desto mehr Interviews hast du, desto mehr Angebote bekommst du.

9. Sei vorbereitet für den Fall eines Telefoninterviews.

Würdest du glauben, dass über 50% der potentiellen Kandidaten nach dem ersten Telefonkontakt mit dem potentiellen Arbeitgeber aussortiert werden? In der heutigen Welt haben Arbeitgeber nicht die Zeit, jeden möglichen Kandidaten zu interviewen, und sie nutzen Telefonanrufe als eine weniger teure und weniger zeitaufwändige Methode, um potentiell unqualifizierte Kandidaten auszusortieren.

Das Telefoninterview erwischt viele Menschen unvorbereitet. Es kann sein, dass du mehr als ein Telefoninterview bekommst, also stelle sicher, dass du jederzeit vorbereitet bist.

Du hast etwa 60 Sekunden Zeit, um deine Erfahrungen und Fähigkeiten zusammenzufassen! Sei vorbereitet und nimm das Telefon nur dann ab, wenn du dich in einer ruhigen und friedlichen Umgebung befindest.

10. Erstelle eine Selbsthilfegruppe.

Es ist leicht, während deiner Jobsuche entmutigt und deprimiert zu werden.

Die Suche nach Arbeit ist eine der schwierigsten und einsamsten Erfahrungen der Welt und jede negative Antwort nach einem Vorstellungsgespräch kann brutal sein, sollte es aber nicht sein.

Der Schlüssel ist zu verstehen, dass du nicht alleine bist. Es gibt buchstäblich Hunderttausende von Menschen, die nach Arbeit suchen. Es gibt viele Gruppen von Menschen, die auf Jobsuche sind. Google, um die Gruppe zu finden, die deinem Wohnort am nächsten ist, oder tritt relevanten Foren oder Facebook-Gruppen bei.

11. Kontaktiere potenzielle Arbeitgeber direkt über Berufsverbände.

Berufsverbände bieten hervorragende Netzwerke für die Jobsuche. Viele Berufstätige sind Mitglied in mindestens einem oder zwei Berufsverbänden.

Außerdem halten die meisten Berufsverbände regelmäßige Treffen ab, die zusätzliche Möglichkeiten bieten, deine "Berufskollegen" auf einer informellen Basis kennenzulernen. Und schließlich haben die Berufsverbände ihre eigenen Newsletter, in denen oft offene Stellen ausgeschrieben werden oder die auf andere Publikationen oder Verbände verweisen.

12. Stelle deinen Lebenslauf online.

Auf Jobsuch-Webseiten kannst du deinen Lebenslauf in eine Datenbank hochladen, die für Unternehmen sichtbar ist.

13. Bewirb dich auf einzigartige Weise.

Es gibt viele Möglichkeiten, für dich zu werben, außer deinen Lebenslauf zu verschicken.

Versuche zum Beispiel, dein Anschreiben kreativ zu gestalten oder drucke eine Reihe von Visitenkarten, die auf der Vorderseite deinen Namen, deinen Beruf und deine Kontaktinformationen enthalten und auf der Rückseite deine wichtigsten Fähigkeiten. Das Verteilen dieser Visitenkarten ist ein guter Weg, um Jobkontakte zu generieren.

14. Nimm einen Aushilfsjob an oder arbeite ehrenamtlich.

Nimm einen Aushilfsjob an. Das bringt wertvolle Erfahrungen, Kontakte und Empfehlungen. Engagiere dich ehrenamtlich in Organisationen mit kommerziellen Sponsoren, um Sichtbarkeit und Kontakte zu erhöhen. Erforsche deine Optionen und halte dir alle Möglichkeiten offen. Du weißt nie, welche Methode dir letztendlich helfen kann, deinen idealen Job zu finden.

15. Mache Kaltakquise.

Neben dem persönlichen Gespräch ist das Telefon die effektivste Methode, um einen Job zu finden. Jeder Anruf, den du machst, ist eine Gelegenheit, dich an einen potenziellen Arbeitgeber zu verkaufen. Führe mindestens 15 Anrufe pro Tag durch. Du wirst über die Ergebnisse erstaunt sein.

Sei immer angenehm, professionell und positiv. Bereite eine kurze Beschreibung für jeden Anruf vor und probe sie zuerst viele Male, bevor du den Hörer abnimmst. Erstelle kurze Geschäftsideen, um zu skizzieren, wie du potenziellen Arbeitgebern helfen kannst, ihre Ziele zu erreichen.

Frage immer, immer, immer nach Empfehlungen für andere Unternehmen oder Kontakte.

16. Definiere deine Jobsuche in Bezug auf alternative Routen neu.

Bereite einen Backup-Plan für den Fall vor, dass die klassischen Methoden nicht gut funktionieren: bereite alternative Wege vor, um zu beschreiben, was du kannst, und sondiere alternative Wege der Jobsuche.

Es gibt viele Möglichkeiten, deine Botschaft zu senden. Sei also darauf vorbereitet, eine Vielzahl von Methoden zu nutzen, um deinen idealen Job zu finden.

17. Hol dir professionelle Hilfe.

Viele Dienstleister bieten über das Internet Berufsberatung und Unterstützung bei der Jobsuche an. Viele dieser Dienste sind kostenlos, und die Anzahl der Ressourcen im Internet wächst jedes Jahr.

18. Berücksichtige Regierungsstandorte und Beschäftigungszentren.

Die Regierung ist nicht die beste Quelle für die Jobsuche, aber auch nicht die letzte. Auf den Seiten der Regierung findest du eine Menge Informationen, die nichts kosten. Besuche die Website des Department of Labor oder rufe dein lokales Jobcenter an, um die dort angebotenen Dienstleistungen in Anspruch zu nehmen.

19. Sorge dafür, dass du zwischen den Jobs finanziell überleben kannst.

Balanciere deine finanziellen Ressourcen so aus, dass du dir eine längere Jobsuche leisten kannst. Wenn die Finanzen knapp sind, ziehe einen befristeten Job als vorübergehende Einnahmequelle in Betracht.

20. Setze deine Ziele.

Es gibt viele Arten von Jobs, die verfügbar sind.

Lege fest, was du willst, setze dir Ziele und priorisiere die Schritte, die du unternehmen musst. Je konkreter du dein Ziel formulierst, desto besser stehen deine Chancen, den gewünschten Job zu bekommen.

21. Fokus in deiner Branche.

Bevor du anfängst, dich mit Leuten zu treffen, musst du etwas über die Branche oder den Bereich wissen, in dem du arbeiten möchtest. Je mehr du darüber weißt, desto bessere Gespräche wirst du mit potenziellen Arbeitgebern führen.

22. Sprich mit Leuten, die deine Karriere weiterverfolgt haben.

Du kannst immer jemanden finden, der gerade in deinem Bereich arbeitet oder Erfahrung hat und bereit ist, mit dir zu sprechen.

Finde sie online oder indem du lokale Unternehmen anrufst, und kontaktiere sie dann telefonisch oder persönlich. Du wirst eine Menge über deinen "Traumjob" erfahren und vielleicht helfen sie dir sogar, ihn zu finden!

23. Plane deine Forschung.

Organisiere deine Suche. Nicht zu planen ist ein häufiger Fehler bei den meisten Jobsuchen. Erstelle einen Plan, der Folgendes beinhaltet: deine Jobstrategie, dein Ziel, eine Datenbank, in der du Tag für Tag aufschreibst, was du getan hast, und die Möglichkeit, deinen Fortschritt zu messen.

24. Aktualisiere deinen Lebenslauf und halte ihn bereit.

Fast jeder wird dich nach einer Kopie deines Lebenslaufs fragen. Halte ihn auf dem neuesten Stand und zur Verteilung bereit.

25. Bleibe positiv, engagiert und fokussiert.

Behalte eine positive Einstellung, bleibe fokussiert auf deinen Zeitplan und widme dich dem Prozess der Jobsuche.

Es wird deine Chancen verbessern, deinen nächsten Job zu finden.

13. MYTHEN ÜBER DEN LEHRPLAN ZU ZERSTREUEN

1. Ich sollte in der Lage sein, meinen Lebenslauf in ein paar Stunden zu erstellen.

Deine Erfahrungen so zu beschreiben, dass sie deine Qualifikationen für eine Stelle am besten zeigen, erfordert eine Menge sorgfältiger Überlegungen und harter Arbeit.

Die erfolgreichsten Lebensläufe werden mit Blick auf eine bestimmte Branche geschrieben und betonen die Bereiche der Erfahrung, die für die Anforderungen des neuen Jobs, für den du dich bewirbst, am wichtigsten sind.

Klar, wenn dein letzter Lebenslauf deine Fähigkeiten und Leistungen klar und deutlich hervorhebt und du dich für eine ähnliche Position bewirbst, kannst du die notwendigen Änderungen vielleicht recht schnell vornehmen.

Aber wenn nicht, dann ist das Schreiben eines Lebenslaufs ein Tag Arbeit (natürlich keine vollen Tage). Vergiss nicht, dass ein Lebenslauf ein sehr mächtiges Marketinginstrument für den beruflichen Erfolg ist.

2. Es ist okay, es zu übertreiben

Viele Leute denken, dass es akzeptabel ist, beim Schreiben eines Lebenslaufs zu übertreiben.

Nichts könnte falscher sein! Du musst verstehen, dass auf dem heutigen umkämpften Arbeitsmarkt ein Arbeitgeber den beruflichen Werdegang der Kandidaten überprüfen wird und deine zukünftigen Chefs sind geschickt darin, dir Fragen zu stellen, um Ungereimtheiten in deinem Lebenslauf zu entdecken.

Und selbst wenn du im Vorstellungsgespräch damit durchkommst und den Job bekommst, kann das Unternehmen jederzeit die Wahrheit herausfinden. Das könnte sich negativ auf deine Karriere auswirken oder sogar zur Kündigung führen.

3. Der perfekte Lebenslauf ist nur eine Seite lang

Dein Lebenslauf sollte genau so lang sein, wie es nötig ist, um deine für die Stelle relevanten Fähigkeiten und Leistungen hervorzuheben.

Lasse keine wichtigen Qualifikationen weg, nur um den Lebenslauf auf einer Seite zu halten. Wenn du zu viele Informationen auf einer Seite unterbringst, wird es viel schwieriger zu lesen. Es ist besser, zwei Seiten Lebenslauf zu haben, die ordentlich gestaltet sind und viel Leerraum haben, als eine dichte, schwer zu lesende Seite.

4. Um mich zu bewerben, muss ich nur meinen Lebenslauf schicken.

Wenn du dich für einen Job bewirbst, musst du mehr tun, als nur deinen Lebenslauf zu schicken. Tatsächlich musst du ein Anschreiben verfassen, das klar beschreibt, wie deine Fähigkeiten mit den Anforderungen der jeweiligen Stelle übereinstimmen. Du musst auch deine Bewerbung weiterverfolgen, indem du das Unternehmen anrufst, um herauszufinden, ob sie deinen Lebenslauf erhalten haben, ob es zusätzliche Informationen gibt, die du zur Verfügung stellen musst, und um ein Vorstellungsgespräch zu bekommen.

5. Ein Lebenslauf ist alles was du brauchst

Wenn du dich nur für eine Art von Stelle bewirbst, oder für mehrere Stellen mit genau den gleichen Anforderungen, kannst du wahrscheinlich denselben Lebenslauf verwenden. Wenn du dich jedoch für eine Vielzahl von Stellen in verschiedenen Berufen bewirbst, brauchst du mehrere Lebensläufe, um deine Qualifikationen für jede Art von Beruf auf die effektivste Weise zu präsentieren.

6. Du musst die Höhe meines alten Lohns und meine wirtschaftlichen Erwartungen für die Zukunft ein

Du solltest es immer vermeiden, deinen Gehaltsverlauf und deine Erwartungen aufzulisten.

Das Gehalt besprichst du während des Vorstellungsgesprächs, nachdem du die Chance hattest, dich zu verkaufen und ein wenig mehr über die Aufgaben und Verantwortlichkeiten der Stelle weißt.

Wenn sie vor dem Vorstellungsgespräch nach deinen Verdienstvorstellungen fragen, erkläre, dass du zuversichtlich bist, dass du über Geld reden kannst, sobald die Anforderungen der Stelle besser geklärt sind und du deine Fähigkeiten und Erfahrungen unter Beweis gestellt hast.

Aber wenn du dein Wunschgehalt in deinen Lebenslauf schreibst, positionierst du dich möglicherweise "außerhalb des Budgets" oder läufst sogar Gefahr, eine niedrigere Zahl zu schießen, als du im Vorstellungsgespräch hättest aushandeln können!

7. Der Lebenslauf ist einfach eine Arbeitsgeschichte

Nutze den Lebenslauf, um dich auf die besten Gründe für eine Einstellung in den Augen des Lesers (des Arbeitgebers) zu konzentrieren.

Es kann sein, dass dein gesamter beruflicher Werdegang für die Stelle, die du suchst, nicht relevant ist, also solltest du irrelevante Erfahrungen ausblenden.

Auch Hobbys und ehrenamtliche Erfahrungen sind nicht immer relevant für das vorliegende Angebot, aber manchmal können sie wichtig und relevant für deine nächste Karriere sein.

Du musst für dich selbst entscheiden, was das Beste an dir ist, für diesen Job, und es deshalb in den Lebenslauf aufnehmen.

8. Der chronologische Lebenslauf ist der beste

Wie du deinen Lebenslauf gestaltest, hängt davon ab, welche Elemente deiner Erfahrung für die Stelle, die du suchst, qualifizieren.

Deine wichtigsten Erfahrungen sollten zuerst aufgeführt werden, egal ob es sich um Arbeit, Ausbildung oder persönliche Lebensereignisse handelt.

Wenn du auf der Suche nach einem Job bist, für den du durchgängige Berufserfahrung hast, dann ist die chronologische Zusammenfassung wahrscheinlich die beste Wahl.

Aber wenn du einen Job suchst, für den du noch keine Erfahrung hast, ist ein funktionaler Lebenslauf vorzuziehen.

Ein funktionaler Lebenslauf erlaubt es dir, deinen beruflichen Werdegang, deine letzten Jobs und eventuelle Lücken im Lebenslauf zu vernachlässigen und stattdessen deine Fähigkeiten am Anfang des Lebenslaufs zu betonen - ein Bereich, in dem ein potenzieller Arbeitgeber am längsten verweilen wird.

9. Die Person, die den Job bekommt, ist die am besten qualifizierte

Nicht immer: Die Person, die den Job bekommt, ist diejenige, die ihre Fähigkeiten und Erfahrungen verkaufen kann und die Fähigkeit demonstriert, Ergebnisse zu erzielen und einen Mehrwert für das Unternehmen zu schaffen, sowohl im Lebenslauf als auch im Vorstellungsgespräch.

Unterschätze auch nicht, wie wichtig es ist, gleich eine gute Beziehung zu deinem zukünftigen Manager aufzubauen und zu zeigen, wie leicht du dich an die Unternehmenskultur anpasst. Manchmal sind die Beziehungen, die du aufgebaut hast, der ausschlaggebende Faktor.

10. Ein Arbeitgeber liest das Anschreiben nicht.

Wenn ein Lebenslauf die Aufmerksamkeit eines Arbeitgebers erregt, wird er auch das Anschreiben lesen, und manchmal reicht ein gutes, gut durchdachtes Schreiben aus, um ein Vorstellungsgespräch zu bekommen.

11. Soll ich "Referenzen auf Anfrage erhältlich" einfügen?

Für Recruiter ist es selbstverständlich, dass Referenzen von einem Kandidaten vorhanden sind.

Und da es etwas Selbstverständliches ist, musst du diese Information nicht in deinem Lebenslauf angeben.

14. DIE ARTEN DES LEHRPLANS

Es gibt drei grundlegende Arten von Lehrplänen: den chronologischen, den funktionalen und den kombinierten.

Chronologisches Format

Die chronologische Variante wird von den meisten Arbeitgebern bevorzugt, da sie deinen beruflichen Werdegang und deine berufliche Entwicklung klar aufzeigt.

Das chronologische Format konzentriert sich auf die Geschichte deiner Erfahrung und hebt Daten, Positionen und Jobtitel hervor. Es ist das bevorzugte Format, wenn du dich für eine ähnliche oder weiterführende Position in der gleichen Branche bewirbst, in der du jetzt arbeitest.

Verwende dieses Format, wenn:

- Du möchtest Stabilität, Beständigkeit, Wachstum und Entwicklung in deiner Karriere hervorheben.

- Du bist auf der Suche nach einer ähnlichen oder höheren Position in der gleichen Branche.

- Du hast Jobtitel, die bemerkenswerte Sprungbretter zu dem Jobangebot sind, auf das du dich bewirbst.

Vorteile:

- Er ermöglicht es dem Arbeitgeber, auf einen Blick zu erkennen, wo und wann du gearbeitet hast und was du bei jedem Job gemacht hast.

- Es ist das gängigste und am meisten akzeptierte Format.

- Sie gibt dem Arbeitgeber ein klares Gefühl für dein berufliches Fortkommen.

Nachteile:

- Es verdeutlicht das Manko, dass man nur wenig Berufserfahrung hat.

- Enthülle sofort, wenn du zu oft den Job wechselst.

- Ebenso verrät es sofort, wenn du schon zu viele Jahre im selben Job bist, ohne jemals aufzusteigen.

- Es ist schwierig, deine Fähigkeiten und Kompetenzen sowie deine Leistungen umfassend hervorzuheben.

FUNKTIONALES FORMAT

Wenn du den Beruf gewechselt hast, oder wenn du Lücken oder andere Ungereimtheiten in deinem beruflichen Werdegang hast, empfehle ich einen funktionalen Lebenslauf.

Das funktionale Format betont deine Fähigkeiten, Fertigkeiten und Leistungen und hebt deine Jobtitel, Arbeitgeber und Beschäftigungsdaten weniger hervor.

Das funktionale Format ermöglicht es dir, deine Erfahrungen und Leistungen nach ihrer Bedeutung und Wichtigkeit zu priorisieren und nicht nach ihrer Chronologie.

Verwende dieses Format, wenn:

- Du hast in den letzten Jahren häufig den Job gewechselt.

- Du hast Lücken zwischen den Jobs.

- Du hast nur begrenzte Berufserfahrung für dein Berufsziel.

- Du wechselst deinen Beruf.

- Du verfügst über signifikante Erfahrungen außerhalb deines derzeitigen Berufsweges.

Vorteile:

- Es hebt die Errungenschaften, Fähigkeiten und Erfahrungen hervor, die für dein Karriereziel am wichtigsten sind.

- Hebe Lücken oder Ungereimtheiten in deinem beruflichen Werdegang hervor.

Nachteile:

- Erfahrung ist nicht direkt mit bestimmten Jobtiteln und Beschäftigungsdaten verbunden. Dies kann dazu führen, dass Arbeitgeber vermuten, dass du versuchst, etwas zu verbergen.

- Legt keinen Wert auf Beförderungen und berufliches Wachstum.

- Das macht es für Recruiter schwierig, genau zu verstehen, was der Kandidat in jeder Stellenausschreibung gemacht hat.

KOMBINIERTES FORMAT

Um bestimmte Fähigkeiten, Fertigkeiten oder Leistungen hervorzuheben, kannst du ein kombiniertes Format wählen, das bestimmte Abschnitte für die Bereiche, die du hervorheben möchtest, an den Anfang deines Lebenslaufs stellt. Das kombinierte Format beinhaltet den traditionellen Abschnitt "Berufserfahrung" eines chronologischen Lebenslaufs, aber auch die Abschnitte, die den Fähigkeiten und erreichten Zielen eines funktionalen Lebenslaufs gewidmet sind. Dieses Format ist am flexibelsten und ermöglicht es dir, die Abschnitte deines Lebenslaufs hervorzuheben, die für dein Karriereziel am wichtigsten sind. Es ist ein zunehmend beliebtes Format für Lebensläufe.

Verwende dieses Format, wenn:

- Du bist ein Profi oder eine Führungskraft der oberen Ebene und hast bedeutende Leistungen erbracht.

- Du möchtest deine relevanten Fähigkeiten hervorheben, während du dich beruflich veränderst.

- Du willst Fähigkeiten und Fertigkeiten hervorheben, die in den letzten Jobs nicht zum Einsatz gekommen sind.

- Du warst Freiberufler, Berater oder hattest Aushilfsjobs.

Vorteile:

- Es hebt deine wichtigsten Fähigkeiten und Leistungen am Anfang deines Lebenslaufs hervor.

- Er kann so gestaltet werden, dass er sowohl die Fähigkeiten und Fertigkeiten als auch den beruflichen Werdegang betont, je nachdem, was am besten zu deinem Karriereziel passt.

- Du kannst ganze Qualifikationen in einzelne Kategorien gruppieren, die sich direkt auf deinen Berufswunsch beziehen.

Nachteile:

- Sie kann länger sein als nötig und kann daher dazu führen, dass der Arbeitgeber das Interesse verliert.

- Sie kann redundante Informationen enthalten oder sich nicht auf Informationen konzentrieren, die der Leser für wichtig hält.

15. FRAGEN UND ANTWORTEN ZUM LEHRPLAN

1. Was ist ein Lebenslauf?

Ein Lebenslauf wird traditionell als eine kurze Darstellung deiner Berufserfahrung und deiner Qualifikationen verstanden, die du besitzt.

Auf dem heutigen Arbeitsmarkt muss dein Lebenslauf jedoch so viel mehr sein als das. Um herauszustechen, muss dein Lebenslauf zeigen, dass du in der Lage bist, in einer bestimmten Rolle zu arbeiten und Ergebnisse zu erzielen, die einen positiven Einfluss auf das Geschäft eines Unternehmens haben.

Bevor du einen Lebenslauf schreibst, ist es, wie in den vorherigen Kapiteln erwähnt, wichtig zu wissen, welchen Beruf du anstrebst und welche Fähigkeiten, Fertigkeiten und Erfahrungen du benötigst.

Du musst deine Berufserfahrung analysieren und bestimmen, welche Elemente deine Qualifikation für die jeweilige Position am besten zeigen.

Dein Lebenslauf sollte deine Leistungen, Errungenschaften, Fähigkeiten und Talente auf eine Art und Weise kommunizieren, die dich von anderen Bewerbern abhebt.

Ein Lebenslauf ist oft die erste formale Kommunikation mit potenziellen Arbeitgebern. Sein Zweck ist es, den Wert zu demonstrieren, den du dem Unternehmen hinzufügen kannst, und sie zu überzeugen, dich zu einem Vorstellungsgespräch einzuladen. Ein Lebenslauf ist auch eine Demonstration der Qualität deiner Arbeit. Achte darauf, dass dein Text klar und prägnant ist und dass dein Lebenslauf eine professionelle Präsentation hat.

Ein Lebenslauf wird zwei Dinge für dich während deiner Jobsuche tun. Erstens wird er eine Verkaufsbroschüre sein, die die besten Gründe anpreist, dich für eine Stelle in Betracht zu ziehen.

Zweitens bietet er eine Orientierungshilfe für das Vorstellungsgespräch. Arbeitgeber basieren ihre Fragen oft auf den Fähigkeiten und Erfahrungen im Lebenslauf.

Nutze dann deinen Lebenslauf, um Recruiter dazu zu bringen, Fragen zu deinen Fähigkeiten und Leistungen zu stellen.

Priorisiere die wichtigsten Informationen am Anfang deines Lebenslaufs.

2. Wie man einen Lebenslauf schreibt

Der erste Schritt beim Schreiben eines Lebenslaufs erfordert, dass du die Position oder Art der Stelle definierst, die du anstrebst, und einschätzt, ob deine Qualifikationen den Anforderungen der Personalverantwortlichen entsprechen. Wenn du dich für verschiedene Arten von Jobs bewirbst, erstelle für jede einen anderen Lebenslauf.

Lebensläufe sind am effektivsten, wenn du dich auf eine bestimmte Art von Job konzentrierst und aufschreibst, wie deine Fähigkeiten, Fertigkeiten und Erfahrungen dich für diese Position qualifizieren.

Nachdem du die Anforderungen der Stelle identifiziert hast, analysiere deine bisherigen Erfahrungen, Leistungen und Ausbildungen und beginne mit dem Aufbau deines Lebenslaufs in einer Art und Weise, die deine Fähigkeit hervorhebt, in dem Bereich deines Interesses erfolgreich zu sein.

Die besten Lebensläufe beschreiben deine Leistungen und Erfahrungen in Form eines Action-Benefit-Statements, also einer präzisen Beschreibung einer Aktion, die du durchgeführt hast und die ein greifbares, messbares Ergebnis hervorgebracht hat, von dem das Unternehmen profitiert hat.

<u>Ein Action-Benefit-Statement besteht aus:</u>

Aktion: Eine berufliche Verantwortung oder eine spezifische Handlung, die du angesichts einer Situation, eines Problems oder einer Gelegenheit durchgeführt hast, die zu einem positiven Ergebnis geführt hat.

Nutzen: Das positive Ergebnis oder der Nutzen für die Organisation, wie z.B. gesteigerte Einnahmen, reduzierte Kosten, rationalisierte Prozesse oder auch einfach nur eine verbesserte Arbeitsmoral der Kollegen.

Quantifiziere und/oder qualifiziere immer die Erfolge in der Aktions-Nutzen-Erklärung.

Wenn du "quantifizieren" musst, betrachte die Auswirkungen deiner Arbeit in messbaren Begriffen, die Zahlen, Prozentsätze, Währung und andere Werte beinhalten können, die deinen Erfolg im bestmöglichen Licht darstellen.

<u>Erstes Beispiel:</u>

Erstens: Beaufsichtigte einen großen Stab von Einzelhandelsmitarbeitern, die mehrere Gebiete abdeckten. Er hat das Produkt des Unternehmens effektiv gemanagt, mit konstantem Umsatzwachstum.

Nach: zehn Jahren Erfahrung im Management von 15 Verkaufsagenten in 3 Makrogebieten. Effektiv 10 Millionen Einheiten verwaltet. Erzielte einen Bruttogewinn von 30-35%.

Wenn du stattdessen deine Leistungen "qualifizieren" musst, schildere die Umgebung, indem du jene Adjektive und persönlichen Eigenschaften hinzufügst, die ein zukünftiger Arbeitgeber als wertvoll erachten würde.

Zweites Beispiel:

Erstens: Umsatzsteigerung durch Kaltakquise, Nachfassaktionen und Account Management.

Weiter: Stetig wachsende Umsätze in einem schnelllebigen Umfeld durch aggressive Kaltakquise-Kampagnen, hartnäckige Nachfassaktionen und fokussiertes Account Management.

***

Wenn du ein Action-Benefit-Statement schreibst, musst du keine Details darüber angeben, wie du das Problem gelöst hast.

Du kannst diese Informationen während des Vorstellungsgesprächs zur Verfügung stellen; wenn die Aussagen überzeugend genug sind, werden Arbeitgeber dich zu einem Vorstellungsgespräch einladen, nur um zu sehen, wie du die Ergebnisse bekommen hast!

3. Wie kann ich meinen Lebenslauf überprüfen?

Wenn du deinen Lebenslauf fertig geschrieben hast, solltest du die folgenden Punkte beachten:

- Sind die besten Gründe, dich einzustellen, alle enthalten?

- Sind alle Informationen, die für dein berufliches Ziel relevant sind, vorhanden?

- Sind die verschiedenen Abschnitte logisch miteinander verbunden?

- Gibt es Rechtschreib-, Tipp- oder Grammatikfehler?

4. Wonach sucht ein Arbeitgeber?

Neben der Darstellung von Erfahrungen und Qualifikationen zeigt dein Lebenslauf die persönlichen und beruflichen Eigenschaften, die Arbeitgeber bei einem Bewerber suchen.

Vor allem möchten fast alle Arbeitgeber von deinem Lebenslauf sehen:

- Zuverlässigkeit: die Fähigkeit, zu wissen, wie man die Arbeit erledigt, und das Management über mögliche Probleme zu informieren, damit diese zeitnah gelöst werden können.

- Analytische Fähigkeiten: die Fähigkeit, eine Situation zu bewerten, verschiedene Alternativen in Betracht zu ziehen und eine Lösung vorzuschlagen.

- Kommunikation: die Fähigkeit, sich sowohl mündlich als auch schriftlich effektiv mit Teammitgliedern und dem Management zu unterhalten.

- Engagement: die Fähigkeit und Bereitschaft, das zu tun, was nötig ist, um die Arbeit zu erledigen.

- Teambildung: die Fähigkeit, eine Beziehung zu anderen aufzubauen und gut als Mitglied eines Teams zu arbeiten.

- Integrität: ehrlich sein und Verantwortung für dein Handeln übernehmen.

- Effizienz: Der Wunsch, Systeme und Prozesse zu identifizieren und zu verbessern, um Zeit zu sparen, Kosten zu reduzieren und Produkte und Dienstleistungen zu verbessern.

- Kommando: Fähigkeit, ein Team zu leiten und zu motivieren und Führung für ein erfolgreiches Ergebnis zu bieten.

- Wissen: Fähigkeiten in einem bestimmten Bereich und die Fähigkeit, sich schnell neues Wissen anzueignen.

- Motivation: der Wunsch, zusätzliche Herausforderungen anzunehmen und erfolgreich zu sein in dem, was du tust.

5. Wie liest du einen Lebenslauf?

Arbeitgeber lesen den Lebenslauf im Durchschnitt etwa 30 Sekunden lang und stellen dann die folgenden Fragen:

- Besitzt dieser Kandidat die nötigen Fähigkeiten, um in diesem Job erfolgreich zu sein?

- Hat dieser Kandidat Eigenschaften gezeigt, die zu dieser Rolle und diesem Unternehmen passen?

- Liefert dieser Lebenslauf den Beweis, dass der Kandidat in der Lage ist, positive Ergebnisse zu produzieren und Resultate zu erzielen?

- Sollte ich diesen Kandidaten zu einem Vorstellungsgespräch einladen, um mehr zu erfahren?

Da Recruiter nur wenig Zeit zum Lesen haben, solltest du darauf achten, die wichtigsten Informationen, wie Leistungen und Fähigkeiten, an den Anfang deines Lebenslaufs zu stellen.

6. Wie kann ich meinen Lebenslauf von der Konkurrenz abheben?

Passe ihn genau an die Anforderungen der Position an, für die du dich bewirbst, und beschreibe deine Ergebnisse und Erfahrungen mit der Action-Benefit-Methode, die veranschaulicht, wie deine Handlungen zu einem messbaren Nutzen für den vorherigen Arbeitgeber geführt haben.

Indem du diese beiden Dinge tust, erstellst du einen Lebenslauf, der zeigt, dass du die Fähigkeiten, Fertigkeiten und Erfahrungen hast, die notwendig sind, um in dem Job erfolgreich zu sein, dass du die nachgewiesene Fähigkeit hast, diese Fähigkeiten anzuwenden, und dass du die Fähigkeiten hast, dem Unternehmen einen Mehrwert zu bieten.

7. Was kann ich tun, wenn mein Lebenslauf nicht zu funktionieren scheint?

Stelle dir diese Fragen:

- Habe ich es an die richtigen Leute geschickt? Sind das die einstellenden Manager?

- War ich realistisch in Bezug auf die Art der Arbeit, nach der ich suchen sollte?

Zweitens: Lass Freunde und Kollegen oder sogar Fremde deinen Lebenslauf lesen. Danach frage sie:

- Nur basierend auf dem, was du über mich gelesen hast, was kannst du über meine Fähigkeit sagen, Ergebnisse zu erzielen oder einen positiven Einfluss zu haben?

8. Brauche ich einen Lebenslauf, wenn ich mich für einen Nebenjob bewerbe?

Obwohl für viele Teilzeit- oder Einstiegsjobs kein Lebenslauf erforderlich ist, kann das Einreichen eines Lebenslaufs zusammen mit einem Bewerbungsformular dazu dienen, dich von den anderen Bewerbern abzuheben.

Da das Schreiben eines Lebenslaufs ein lebenslanges Unterfangen ist, ist es nie zu früh, um eine Liste deiner Fähigkeiten und Erfahrungen in Form eines Lebenslaufs zu erstellen.

9. Welches Format sollte ich verwenden, wenn ich aus dem Militär entlassen werde?

Wenn deine Karriere im Militär nicht identisch ist mit der Karriere, die du außerhalb des Militärs anstrebst, verwende den funktionalen Lebenslauf. Es kann für einen Arbeitgeber schwierig sein, deine militärischen Errungenschaften und Erfahrungen in zivilen Begriffen zu verstehen.

Bevor du also deinen Lebenslauf erstellst, solltest du definieren, welche Art von Job du suchst und welche Fähigkeiten und Fertigkeiten du für diesen Job brauchst.

Als nächstes ziehe die Elemente aus deiner militärischen Erfahrung, die diese Fähigkeiten und Fertigkeiten demonstrieren.

10. Muss ich meine Erfahrung übertreiben, um eine bessere Chance zu haben?

Du solltest dich immer im bestmöglichen Licht verkaufen, aber es ist nie eine gute Idee, es zu übertreiben: Wenn du als potentieller Kandidat ausgewählt wirst, werden die Unternehmen die Informationen in deinem Lebenslauf überprüfen. Außerdem werden sie dir vielleicht spezifische Fragen zu deiner Erfahrung und Ausbildung stellen, und du musst unbedingt ruhig und selbstbewusst bleiben, wenn du sie beantwortest. Hast du es?

11. Wie lang sollte der Lebenslauf sein?

Ein Lebenslauf sollte aus den richtigen Seiten bestehen, die benötigt werden, um deine Fähigkeiten, Fertigkeiten, Erfahrungen, Leistungen, Ausbildung und alles andere zu präsentieren, was dich für das jeweilige Angebot qualifiziert.

Eine allgemeine Faustregel ist, dass du mit einer Seite aufhören solltest, wenn du ein frischgebackener Absolvent bist oder wenig Berufserfahrung hast, während du ein oder zwei Seiten hinzufügen kannst, wenn du genügend Erfahrung in deinem Berufsweg hast.

Wie auch immer, anstatt auf die Länge deines Lebenslaufs zu achten, solltest du sicherstellen, dass er klar und prägnant ist und dass die Informationen für die Position, die du suchst, relevant sind. Das wichtigste Kriterium für einen Lebenslauf ist nicht die Länge, sondern ob er deine besten Fähigkeiten, die du für diese Stelle brauchst, ausreichend beschreibt.

12. Kann ich denselben Lebenslauf für verschiedene Arten von Jobs verwenden?

Du wirst bessere Ergebnisse erzielen, wenn du für jede Stelle, auf die du dich bewirbst, einen anderen Lebenslauf erstellst. Das bedeutet aber nicht, dass du jedes Mal bei Null anfangen musst. Erstelle einen einfachen Lebenslauf, der alle Fähigkeiten und Erfahrungen enthält, die du im Laufe deiner Karriere gesammelt hast.

Dann organisiere wichtige Informationen neu und nutze sie, um dich für jeden Job im bestmöglichen Licht zu positionieren.

13. Ist das Layout wichtig?

Das Erscheinungsbild ist sehr wichtig, da du einem potenziellen Arbeitgeber deine Fähigkeit vermitteln kannst, zu kommunizieren und Informationen zu präsentieren. Achte darauf, dass dein Lebenslauf leicht zu lesen ist und viel Weißraum enthält. Verwende fette Schrift, um die Überschriften der Abschnitte zu betonen, und Aufzählungspunkte, um wichtige Informationen zu trennen.

14. Gibt es ein spezielles Format für das Versenden des Lebenslaufs per E-Mail?

Wenn ein Arbeitgeber um eine Bewerbung per E-Mail bittet, gibt er oft auch Anweisungen für das bevorzugte Format. Wenn keine Anweisungen vorhanden sind, sende den Lebenslauf entweder im DOC- oder PDF-Format. Diese Formate können in den meisten Textverarbeitungsprogrammen und Betriebssystemen geöffnet werden.

15. Muss ich ein Referenzschreiben zusammen mit meinem Lebenslauf schicken?

Schicke, zusammen mit deinem Lebenslauf, nur ein Anschreiben. Alle zusätzlichen Materialien, wie Referenzen oder Beispiele deiner Arbeit, sollten während des Interviews vorgestellt werden.

16. Was ist der beste Weg, um einen Lebenslauf zu verschicken?

Es gibt mehrere Möglichkeiten, deinen Lebenslauf an einen Arbeitgeber zu schicken: Fax, E-Mail und Post.

Wenn du entscheidest, wie du deinen Lebenslauf verschicken willst, ist es immer am besten, deinen potenziellen Arbeitgeber zu fragen, welche Methode er bevorzugt, und dann den Anweisungen zu folgen.

Wenn du dir unsicher bist, was das Unternehmen bevorzugt, solltest du ein paar Dinge bedenken: Wenn du ihn per Post schickst, kannst du sicherstellen, dass dein Lebenslauf in seiner besten Form gesehen wird, richtig formatiert und auf Qualitätspapier gedruckt.

Der Vorteil beim Versenden per E-Mail oder Fax ist hingegen, dass der Lebenslauf sofort eingesehen werden kann.

17. Ich habe mehrere Lebensläufe. Welchen Lebenslauf soll ich für eine öffentliche Datenbank einreichen?

Du solltest versuchen, so viel wie möglich über die Art der Position herauszufinden, an der du am meisten interessiert bist, und dann deinen Lebenslauf für diese Position anpassen. Wenn du dich für mehr als eine Stelle interessierst, solltest du in Erwägung ziehen, verschiedene Lebensläufe zu posten, aber bedenke, dass ein potenzieller Arbeitgeber beide sehen könnte, was dich weniger qualifiziert erscheinen lässt als andere Bewerber.

18. Die Stelle, auf die ich mich bewerbe, fragt nach dem gewünschten Gehalt. Was soll ich tun?

Die günstigste Gehaltsstrategie ist es, persönlich zu verhandeln, später im Einstellungsprozess, nachdem du deine Fähigkeiten unter Beweis gestellt hast. Gib in deinem Lebenslauf und Anschreiben keine Gehaltsinformationen an.

Wenn in einer Stellenanzeige nach deinen Gehaltsvorstellungen gefragt wird, kannst du die Anfrage übergehen und das Thema Gehalt nicht ansprechen, sondern lieber im Vorstellungsgespräch besprechen.

19. Muss ich immer ein Anschreiben zusammen mit meinem Lebenslauf schicken?

Ein Anschreiben ist dein persönliches Vorstellungsgespräch und sollte immer mit deinem Lebenslauf verschickt werden.

Nutze sie, um zu erklären, warum du dich besonders für das Jobangebot interessierst, und mache auf die Arbeitserfahrung in deinem Lebenslauf aufmerksam, die dich am besten für die Stelle qualifiziert.

20. Welche Verbalzeitform sollte ich verwenden?

Generell sollten Erfahrungen, Fähigkeiten und die meisten anderen Abschnitte in der Vergangenheitsform und der dritten Person geschrieben werden. Der Abschnitt über deine Ziele sollte in der Gegenwartsform geschrieben werden.

21. Soll ich ein Foto beifügen?

Im Allgemeinen ist es nicht ratsam, ein Foto beizufügen, außer du arbeitest in der Unterhaltungsbranche, wo dein Aussehen ein wesentlicher Teil deiner Qualifikation ist.

Aber wenn du dich entscheidest, ein Foto von dir einzustellen, und du nicht in der Unterhaltungsbranche arbeitest, wähle guten Geschmack, kleide dich professionell, indem du ein künstlerisches Passfoto machen lässt (nicht das Foto, das du dann auf deinen Führerschein machst!).

16. 25 TIPPS FÜR DAS SCHREIBEN EINES LEBENSLAUFS

Im Folgenden findest du einige Richtlinien, die dir bei der Erstellung eines erfolgreichen Lebenslaufs helfen:

1. Der Lebenslauf muss fehlerfrei sein.

Eliminiere alle Tippfehler und grammatikalischen Fehler. Stelle sicher, dass du jemanden hast, der deinen Lebenslauf Korrektur lesen kann, am besten jemanden, der auf Details achtet. Selbst der kleinste Fehler kann dazu führen, dass der Lebenslauf in den Papierkorb wandert.

2. Und sie muss ein klares Ziel haben.

Eine solide, ungefesselte Linse hilft dir, beim Lesen des Lebenslaufs eine klare, fokussierte Botschaft zu vermitteln. Das Ziel fasst deine Fähigkeiten zusammen und hebt deine Stärken hervor. Eine aussagekräftige zusammenfassende Aussage, die deine besten Qualifikationen für die Position am Anfang deines Lebenslaufs umreißt, ist ein Trumpf! Ein gut gestaltetes Eröffnungsstatement wird einen Arbeitgeber überzeugen, weiterzulesen.

3. Schreibe auf, warum sie dich einstellen müssen.

Warum braucht dich der Arbeitgeber?

Schreibe dir alle Vorteile, die du dem Unternehmen bringen kannst, gut auf, denn dein zukünftiger Chef wird nur eine Frage stellen: "Was kann dieser Kandidat für mich tun?"

4. Mache einen tollen Eindruck.

Im Durchschnitt verbringen Arbeitgeber weniger als 30 Sekunden mit dem Lesen eines Lebenslaufs. Und die meisten von ihnen achten mehr auf deine beruflichen Erfolge als auf deine Ausbildung.

Ein Lebenslauf sollte nur die Informationen enthalten, die dir helfen, einen Arbeitgeber zu überzeugen, dich zu interviewen. Irrelevante Erfahrungen und langatmige Beschreibungen werden wichtige Informationen begraben.

5. Hebe deine Fähigkeiten hervor.

Verwende ein Lebenslaufformat, das deine Fähigkeiten und Leistungen hervorhebt.

6. Verwende Schlüsselwörter.

Füge spezifische Schlüsselwörter und Phrasen ein, die deine Fähigkeiten und Erfahrungen beschreiben; verliere dich nicht in hochtrabenden Begriffen, sondern in solchen, die in deiner Branche verwendet werden.

Unternehmen speichern die Lebensläufe, die sie erhalten, elektronisch. Die Eingabe der richtigen Schlüsselwörter kann also ausreichen, damit dein Lebenslauf gelesen wird.

Du kannst die passenden Schlüsselwörter bestimmen, indem du die Stellenbeschreibungen für die Art von Beruf liest, die du anstrebst, und sie in deinen Lebenslauf einfügst, entweder im Text eingestreut oder im separaten Abschnitt "Fähigkeiten" aufgeführt.

7. Übertreibe es nicht mit den Formalitäten.

Verwende Branchenjargon und Akronyme, um den Arbeitgeber wissen zu lassen, dass du mit dem Beruf vertraut bist, aber nicht so sehr, dass der Lebenslauf schwer zu lesen oder zu verstehen ist. Setze Akronyme mit Bindestrichen in Klammern, wenn sie nicht offensichtlich sind, zum Beispiel TQM (Total Quality Management).

8. Verwende Aktionsverben.

Gib ein Bild von dir als Mann der Tat: aktiv, kompetent, intelligent und in der Lage, einen Beitrag zu leisten.

Beispiele für Verben, die du verwenden kannst: verwalten, starten, erstellen, leiten, etablieren, organisieren und analysieren.

Aber verwende niemals das gleiche Aktionswort mehrfach. Anstatt ein Wort wie "gelenkt" wiederholt zu verwenden, verwende Synonyme wie kontrolliert, beaufsichtigt, geleitet oder verwaltet.

9. Vermeide Personalpronomen.

Verwende niemals Personalpronomen in deinem Lebenslauf. Verwende anstelle von vollständigen Sätzen kurze, handlungsorientierte Phrasen: "koordiniere und veröffentliche einen wöchentlichen Newsletter über lokale Gemeindeveranstaltungen."

Lebensläufe sollten immer in der dritten Person geschrieben werden, ohne die Verwendung von "ich" oder "mich".

Auch der Lebenslauf sollte prägnant sein.

Anstatt zu schreiben "Ich war verantwortlich für die Leitung einer 12-Personen-Produktionsabteilung, deren Ergebnis eine schlankere Betriebseinheit war", schreibe "leitete die Produktionsabteilung, 12 Personen, was zu einer Produktivitätssteigerung von 26% führte."

10. Verwende unterschiedliche Formatierungen für wichtige Punkte.

Übertreibe es nicht mit der Formatierung, hebe nur wichtige Wörter oder Abschnittsüberschriften mit Fett-, Kursiv- und Unterstreichungen hervor, aber auch mit Großbuchstaben, Anführungszeichen und Sternchen (nicht alles auf einmal, verwende höchstens ein oder zwei Optionen!).

Das liegt daran, dass die Aufmerksamkeit auf alles zu lenken, bedeutet, die Aufmerksamkeit auf nichts zu lenken.

Hebe also die Bereiche hervor, die hervorgehoben werden sollen, aber sparsam, und bleibe konsequent bei der Hervorhebungstechnik (ändere sie nicht mehrmals im Lebenslauf!).

11. Schreibe keinen Liebesroman!

Begrenze deinen Lebenslauf auf zwei Seiten, nur in besonderen Fällen solltest du ein dreiseitiges Maximalformat in Betracht ziehen.

12. Nur aktuelle Informationen auflisten.

Als Faustregel gilt, dass du nur deine Berufserfahrung der letzten 10-15 Jahre angeben solltest.

13. Quantifiziere deine Erfahrung.

Zahlen sind ein mächtiges Werkzeug. Anstatt "Gebietsverkaufsleiter" zu sagen, verwende "steigerte den Umsatz in meinem Gebiet um 150% in 6 Monaten. Verwaltete ein Portfolio von 30 Kunden für einen Jahresumsatz von 320 Tausend Euro".

14. Schreibe in einer organisierten, logischen und prägnanten Weise.

Zusätzlich zu den Erfahrungen, die du gesammelt hast, nutzen Arbeitgeber den Lebenslauf, um zu sehen, ob du organisiert, logisch und prägnant bist.

15. Schreib kein Gedicht!

Verzichte auf die Verwendung von raffiniertem und exquisitem Vokabular. Mit anderen Worten: Versuche nicht, Arbeitgeber mit der Tiefe deines Wortschatzes zu beeindrucken. Verwende Wörter, die jeder verstehen kann.

16. Schreibe nicht auf, wie viel du verdient hast!

Erwähne niemals das Gehalt in deinem Lebenslauf.

17. Vermeide sensible Themen.

Beziehe dich niemals auf persönliche Informationen wie Rasse, Religion, Familienstand, Alter, politische Partei oder sogar persönliche Meinungen. In manchen Fällen wäre es sogar illegal, wenn der Arbeitgeber solche Informationen erfährt.

Vermeide auch die Verwendung von Humor und Klischees.

Füge nur persönliche Informationen ein, wenn du eine wichtige persönliche Eigenschaft oder Fähigkeit demonstrierst. Ein Lebenslauf sollte darstellen, was du am Arbeitsplatz kannst, nicht was du in deinem Privatleben tust.

18. Sei ehrlich.

Lügen oder Übertreibungen über deine Fähigkeiten zahlen sich nicht aus. Arbeitgeber wollen seriöse Bewerber, also werden sie jedes Detail deines Lebenslaufs überprüfen.

19. Verkaufe dich selbst.

Betone deine Stärken und Kompetenzen. Stelle dich in deinem bestmöglichen Licht dar.

20. Schreibe den Lebenslauf in deinen eigenen Worten, kopiere ihn nicht.

Sei persönlich, aber dennoch professionell. Erstelle einen Lebenslauf, der persönlich ist und dich widerspiegelt.

21. Sei nicht trivial mit Soft Skills.

Wenn du schreibst, dass du "zuverlässig, sehr gut organisiert, selbstmotiviert und verantwortungsbewusst" bist, glaubst du, dass der Arbeitgeber dir eine Standing Ovation wie im Stadion geben wird? All diese Eigenschaften werden als selbstverständlich vorausgesetzt, du kannst es vermeiden, sie aufzuschreiben.

Stattdessen beweise diese Qualitäten durch starke, messbare Aussagen: Schreibe über die Maßnahmen, die du ergriffen hast, und die Vorteile, die das Unternehmen genießt.

22. Zeige Konsistenz.

Wenn du eklatante Lücken in deinem Lebenslauf hast, solltest du einen funktionalen Lebenslauf in Erwägung ziehen, der sich auf deine Fähigkeiten und Leistungen konzentriert, anstatt ein chronologisches Format zu verwenden, das stattdessen den Verlauf deiner Erfahrungen betont.

23. Der Lebenslauf muss ausgewogen und geordnet sein.

Der effektive Lebenslauf ist ausgewogen, sauber, visuell ansprechend und über die Abschnitte hinweg konsistent. Die Abschnitte sind klar voneinander getrennt und haben einen Titel. Lasse zwischen den Abschnitten genügend Leerraum, um das Lesen zu erleichtern.

24. Titele die verschiedenen Abschnitte nicht mit fremden Namen.

Verwende gemeinsame Abschnittsüberschriften.

Beispiele: Zusammenfassung, Zielsetzung, Berufserfahrung, Ausbildung, Mitgliedschaft in einem Berufsverband, Publikationen.

25. Keine Negativität.

Entferne alle negativen Kommentare oder Gefühle bei der Beförderung, besonders wenn es um frühere Berufserfahrung geht. Betone stattdessen eine positive Einstellung, zeige eine klare Can-Do-Haltung.

17. SENSITIVE DATEN

Die persönlichen Daten bestehen aus allen Informationen, die ein potenzieller Arbeitgeber benötigt, um dich zu kontaktieren. Achte darauf, dass du deinen Namen, deine Adresse, deine Handynummer und deine E-Mail-Adresse angibst.

Formatiere deine persönlichen Informationen so, wie du sie gerne hättest, am Anfang deines Lebenslaufs.

Schreibe deinen Namen groß und vergrößere die Schriftgröße - so sticht dein Name hervor und der Arbeitgeber kann ihn sich leichter merken.

Gib keine Firmenkontaktinformationen an, wenn du nicht dort kontaktiert werden möchtest, wo du jetzt arbeitest.

Natürlich wird in einigen Fällen dein aktueller Arbeitgeber wissen, dass du auf der Suche nach Arbeit bist, z.B. wenn du in eine Fusion oder Verkleinerung des Unternehmens involviert bist, wo dir dein Chef sogar bei der Arbeitsplatzverlagerung hilft.

Muss ich meine Handynummer bei den Kontaktinformationen angeben?

Natürlich ist es das! Wir schreiben das Jahr 2021, nicht 1995!

Aber vergiss nicht, dich an einen ruhigen Ort mit gutem Empfang zu begeben, bevor du den Anruf eines potenziellen Arbeitgebers annimmst.

Soll ich meinen Diminutiv oder meinen Vornamen verwenden?

Dies ist keine dumme Frage. Wenn du dich mit deinem Diminutiv wohler fühlst (z.B. Bill statt William), füge diese Information in Klammern nach deinem Vornamen ein.

Muss ich ein berufliches Ziel angeben?

Die meisten Arbeitgeber ziehen es vor, schnell festzustellen, ob du für die Stelle gut bist. Wenn du dich also auf Stellen bewirbst, die deinen Qualifikationen entsprechen, schreibe dein Berufsziel auf und stimme es vielleicht fast vollständig mit dem Titel der jeweiligen Stelle ab. So hast du einen Vorsprung vor anderen Bewerbern!

18. SOZIALE MEDIEN

Mehr als die Hälfte der Arbeitgeber nutzen aktiv soziale Medien, um Kandidaten zu bewerten. Sie schauen, ob der Kandidat zur Unternehmenskultur des Unternehmens passt. Also ja, gib deine Social Media Kontakte in deinem Lebenslauf an.

Dein LinkedIn-Profil ist die erste Wahl, gefolgt von deiner eventuellen Facebook-Seite (FB-Seite, nicht dein Profil!) und deinem Twitter-Account; natürlich, wenn du auf deiner FB-Seite und Twitter über dich selbst sprichst und sie nicht aus beruflichen Gründen nutzt, musst du sie nicht hinzufügen. Füge nur Social-Media-Links ein, die sich in einem positiven professionellen Image widerspiegeln.

Blogs, Portfolioseiten und andere karrierebezogene soziale Medien wie Tumblr, Pinterest und Google+ können deinen Lebenslauf ebenfalls aufwerten und Personalverantwortliche mit umfassenderen Informationen über dich, deine Fähigkeiten und Interessen versorgen. Platziere Referenzen in sozialen Medien in einer verlinkten Art und Weise, so dass potenzielle Arbeitgeber direkt auf das entsprechende Profil verlinken können. Vergiss nicht, alle Inhalte auf deinen Social-Media-Konten zu überprüfen, bevor du sie an deinen zukünftigen Chef weitergibst!

19. DIE ZUSAMMENFASSUNG

Die ersten Zeilen eines Lebenslaufs sollten denjenigen, der ihn in den Händen hält, sofort überzeugen, weiterzulesen. Die Zusammenfassung fasst die besten Elemente deines Lebenslaufs zusammen - deine Fähigkeiten, dein Fachwissen, deine Erfahrung, deine Errungenschaften, deine persönlichen Eigenschaften - und verdichtet sie zu einer kurzen Beschreibung, einer Konzentration der besten Gründe, dich einzustellen.

Die Zusammenfassung ist das erste Mittel, um dich an einen potenziellen Arbeitgeber zu verkaufen; sie erscheint am Anfang deines Lebenslaufs, vermittelt die Breite deiner Erfahrung und weist den Leser auf deine Stärken und Fachgebiete hin. Dieser Abschnitt sollte kurz, aber effektiv sein und deine besten Fähigkeiten, deine beeindruckendsten Leistungen, das Beste aus deiner Erfahrung, deiner Ausbildung und deinen persönlichen Eigenschaften in einer prägnanten, eindrucksvollen Aussage zusammenfassen.

Daher ist es wichtig, die besten Gründe für eine Einstellung zu vermitteln, um einen starken Eindruck zu hinterlassen. Wie eingangs erwähnt, sagt die Zusammenfassung dem Leser schnell, wer du bist, fasst deine Stärken zusammen und überzeugt denselben Leser davon, deinen Lebenslauf weiterzulesen.

Das Resümee ist auch deine Chance, die Erfahrungen, die du im Laufe der Jahre in verschiedenen Jobs gesammelt hast, zu kombinieren und zusammenzufassen.

Kurzum, die Zusammenfassung ist das Beste vom Besten!

Wie schreibt man eine Zusammenfassung?

Denke daran, wer deinen Lebenslauf lesen wird und entscheide dich für die Geschichte, die du erzählen willst.

Die Zusammenfassung sollte, wenn sie richtig geschrieben ist, der einzige Abschnitt deines Lebenslaufs sein, den der potenzielle Arbeitgeber lesen muss, um dich zu einem Vorstellungsgespräch einzuladen.

Im Folgenden findest du einige Fragen, die dir helfen werden, eine fesselnde Geschichte zu entwickeln:

- Wie viele Jahre Erfahrung hast du in deinem Beruf oder deiner Branche?

- Welche Kompetenzen hast du, die deine Konkurrenten nicht haben?

- Warum bist du besonders qualifiziert für diese Position?

- Welche besonderen Leistungen hast du in deiner Karriere erbracht?

- Welche positiven Kommentare hat dein vorheriger Arbeitgeber während der Bewertungsgespräche erwähnt?

- Wie hast du die Qualität der Produkte oder Dienstleistungen deines vorherigen Unternehmens gesteigert?

- Kannst du messbar angeben, wie du bei einem früheren Arbeitgeber eine Umsatzsteigerung oder Kostensenkung erzielt hast?

- Was ist anders an dir im Vergleich zu anderen Fachkräften, die in der gleichen Rolle wie du arbeiten?

- Welche spezifischen Kenntnisse oder einzigartigen Erfahrungen hast du?

- Was sind deine Stärken und Ressourcen?

- Hast du jemals eine Auszeichnung, ein Zertifikat oder eine Belobigung erhalten?

- Wenn du ein neuer Absolvent bist, hast du irgendwelche akademischen Auszeichnungen oder Stipendien erhalten?

Die Sätze in deiner Zusammenfassung sollten klar, prägnant, kraftvoll und direkt sein. Anstatt deine Fähigkeiten mit dekorativer Sprache wie "exzellent", "dynamisch" oder "großartig" zu schmücken, lass deine Leistungen und Qualifikationen für sich selbst sprechen.

Ziehe in Erwägung, dein Berufsziel und deine Zusammenfassung zu einer aussagekräftigen Beschreibung deiner Person zu kombinieren.

So kannst du das Beste von beidem in einer objektiven Beschreibung am Anfang deines Lebenslaufs unterbringen und gleichzeitig dem Leser einen starken Eindruck über deine Leistungen vermitteln.

Sollte ich ein Ziel statt einer Zusammenfassung verwenden?

Verwende das Inhaltsverzeichnis in den folgenden Fällen:

- Du verfügst über vielfältige und breit einsetzbare Fähigkeiten und möchtest für mehr als nur eine Art von Position in Frage kommen.

- Du weißt, dass sich dein Lebenslauf in einer Datenbank befinden wird und du möchtest für eine Vielzahl von Jobangeboten berücksichtigt werden.

- Du hast wertvolle Erfahrungen, die auf der zweiten Seite deines Lebenslaufs erscheinen und die du zuerst hervorheben möchtest.

- Die Zusammenfassung enthält mindestens ein Ergebnis oder eine Qualifikation, die dein Karriereziel unterstützt.

- Dein Beruf bietet Karrieremöglichkeiten in vielen verschiedenen Berufsfeldern oder erstreckt sich über mehrere Branchen.

Verwende stattdessen das if-Ziel:

- Du hast wenig Erfahrung.

- Du wechselst von einer Branche in eine andere; zum Beispiel verlässt du das Militär oder steigst nach einer Beurlaubung wieder ins Berufsleben ein.

- Du bist auf der Suche nach einer bestimmten Position und einer bestimmten Art von Unternehmen oder Branche.

- Deine bisherigen Berufserfahrungen sind vielfältig und erstrecken sich über mehrere Berufsfelder, und du möchtest, dass der Leser deine Richtung klar versteht.

Was soll ich tun, wenn meine Berufserfahrung begrenzt ist?

Die Zusammenfassung ist dazu gedacht, bestimmte Fähigkeiten und Leistungen aus einem Lebenslauf hervorzuheben, der jahrelange Erfahrung enthält.

Wenn du aber nur wenig Erfahrung hast, werden deine relevanten Fähigkeiten und Leistungen im Hauptteil des Lebenslaufs ersichtlich sein und müssen wahrscheinlich nicht zusammengefasst werden. Wähle in diesem Fall ein Ziel als Eröffnung für den Lebenslauf.

Brauche ich wirklich eine Zusammenfassung?

Die meisten Arbeitgeber bevorzugen es, eine Zusammenfassung am Anfang deines Lebenslaufs zu sehen.

Aber es ist auch wahr, dass du, wenn deine Arbeitserfahrungen miteinander übereinstimmen und du dich für eine ähnliche Rolle bewirbst, die Zusammenfassung vielleicht nicht schreiben musst, weil der Leser bereits weiß, wer du bist. Aber du würdest trotzdem Punkte gegenüber anderen Kandidaten verlieren.

20. DAS ZIEL

Fange die Aufmerksamkeit des Lesers ein, indem du sagst, wie du dem Unternehmen nützen kannst. Das Ziel besteht aus ein oder zwei Sätzen, die den Job oder das Berufsfeld, das du anstrebst, klar identifizieren und die Branche oder den Unternehmenstyp beschreiben, den du bevorzugst.

Eine gut formulierte Zielsetzung zeigt, warum du für die Stelle qualifiziert bist und erklärt, wie der Arbeitgeber von deiner Einstellung profitieren kann. Das Ziel sollte prägnant, fokussiert und überzeugend sein.

Wenn du deinen Lebenslauf vorbereitest, schreibe zuerst das Ziel. Es wird dir helfen, dich auf den Rest des Lebenslaufs zu konzentrieren und zu zeigen, warum du für diese Position qualifiziert bist. Das Ziel hilft einem Unternehmen auch bei der Entscheidung, wer deinen Lebenslauf sehen soll und wo er eingeordnet werden soll, wenn keine Stelle sofort verfügbar ist.

Als Alternative zum Ziel kannst du direkt den Namen der "gesuchten Stelle" schreiben, was die Aufmerksamkeit auf die Position lenkt, die du suchst. Diese Wahl erlaubt es dir auch, nicht viel Platz auf deinem Lebenslauf einzunehmen.

Wenn es mehrere Positionen gibt, für die du dich gleich qualifiziert fühlst und die alle einen ähnlichen Namen haben, kannst du diese Namen wie folgt in dieselbe Zeile schreiben:

Produkt Marketing Manager / Brand Manager / Senior Marketing Direktor

Vorteile der Verwendung einer Linse:

- Es versichert dem Leser, dass du auf ein bestimmtes Berufsfeld fokussiert bist.

- Es ermöglicht Recruitern, Lebensläufe schnell mit passenden Jobangeboten abzugleichen.

Nachteile der Verwendung einer Linse:

- Es verhindert, dass du für andere Positionen in Betracht gezogen wirst, für die du dich qualifiziert fühlst.

- Ein Ziel, das von anderen Kandidaten überstrapaziert wird, wird bedeutungslos und lässt dich gleich aussehen wie die Masse.

Wie man ein gutes Ziel schreibt

Wenn du dich für eine gezielte Stelle bewirbst, schreibe eine Zielvorgabe, die den genauen Jobtitel deines Interesses enthält und stelle sicher, dass dein bevorzugter Unternehmenstyp und deine Branche mit der Beschreibung des Unternehmens übereinstimmen, für das du dich bewirbst.

Wenn du dich für denselben Beruf bewirbst, aber eine große Anzahl verschiedener Unternehmen und Branchen ansprichst, solltest du ein allgemeineres Ziel formulieren, das das Berufsfeld beschreibt, das du anstrebst und deine relevanten Fähigkeiten, Fertigkeiten und Erfahrungen kommuniziert. Viele Unternehmen haben leicht unterschiedliche Bezeichnungen für die gleiche Art von Job. Wenn du also deine bevorzugte Karriere beschreibst, ziehe es in Betracht, mehrere verschiedene Jobtitel zu verwenden oder einen breiteren Begriff wie "Marketing Management" zu benutzen.

Häufige Fehler zu vermeiden

- Vermeide offensichtliche oder nichtssagende Aussagen, wie z.B. "Ich suche eine herausfordernde und lohnende Position" oder "eine Position, die die Möglichkeit zum beruflichen Aufstieg bietet." Arbeitgeber nehmen das als selbstverständlich hin!

- Vermeide es, an dich selbst zu denken, indem du Sätze schreibst wie: "Ich suche eine Stelle, die meine Fähigkeiten und Erfahrungen weiterentwickelt".

Arbeitgebern ist es wichtiger zu verstehen, warum du für die Stelle qualifiziert bist, als dass sie wissen, was du von ihnen erwartest.

Sollte ich mein Ziel für jede Position anpassen?

Ein auf jedes Stellenangebot zugeschnittener Lebenslauf hat die höchste Erfolgswahrscheinlichkeit, dich zu einem Vorstellungsgespräch zu bringen.

Komm schon, kleine Änderungen an deinem Jobziel erfordern keine komplette Neufassung deines Lebenslaufs!

Brauche ich wirklich ein Ziel?

Die meisten Arbeitgeber bevorzugen es, eine Zusammenfassung am Anfang des Lebenslaufs zu lesen.

Aber wenn du dich auf Stellen bewirbst, die direkt mit ihren Qualifikationen übereinstimmen, dann mit einer Beschreibung, die zu deinem Jobziel passt, wird letzteres ausreichend sein (ausreichend, nicht optimal!).

Was ist, wenn mein Ziel im Anschreiben genannt wird?

Denke daran, dass das Anschreiben und der Lebenslauf getrennt voneinander sein können. Du musst also darauf achten, dass du in beiden Dokumenten das gleiche Ziel formulierst.

21. SKILLS

Deine Fähigkeiten stellen die Werkzeuge dar, die du einem potentiellen Arbeitgeber mitbringen wirst. Sie sind deine Kernkompetenzen, Stärken und einzigartigen Fähigkeiten. Beziehe deine Fähigkeiten wann immer möglich in deinen Lebenslauf mit ein und verwende sie sogar als Schlüsselwörter.

Konzentriere dich sowohl auf Hard- als auch auf Soft Skills. Soft Skills sind die persönlichen Qualitäten wie Führung, Teambildung und Kommunikation. Hard Skills stellen das Handwerkszeug und das spezifische Wissen dar, das du erworben hast, wie z.B. eine bestimmte Art von Computersoftware benutzen zu können, einen Qualitätscheck vorzubereiten, eine Fremdsprache zu sprechen. Skills können persönlich oder beruflich sein, aber sie müssen absolut relevant für den Job sein, für den du dich bewirbst.

Deine Fähigkeiten werden einem potenziellen Arbeitgeber zeigen, dass du das nötige Rüstzeug für die Position hast. Finde heraus, welche Fähigkeiten für die Position, die du suchst, erforderlich sind (indem du die Stellenbeschreibung liest), identifiziere diejenigen, die du besitzt, und liste sie in diesem Abschnitt auf.

Definiere deine Fähigkeiten

Die folgenden Fragen können dir helfen, einige der Fähigkeiten zu identifizieren, die du in eine neue Position einbringen kannst:

- Welche Aufgaben erledigst du täglich?

- Welche Fähigkeiten befähigen dich, diese Aufgaben zu erledigen?

- Was waren die Gründe, warum du bei deinem letzten Job eingestellt wurdest?

- Welche Fähigkeiten hast du in jedem Job genutzt?

- Bei welcher Art von Problemen suchen deine Kollegen dich normalerweise um Hilfe auf?

- Welche Fremdsprachen sprichst du?

- Welche Software, Hardware oder andere Computerkenntnisse hast du?

- Welche Fähigkeiten nutzt du bei deinen Hobbys?

- Machst du Freiwilligenarbeit? Welche Fähigkeiten lassen sich von der Welt der Freiwilligen auf die Arbeitswelt übertragen?

Wie du deine Fähigkeiten beschreibst

Du kannst eine Fähigkeit normalerweise mit ein paar Worten beschreiben. Einige Beispiele: Java-Programmierer, französische Sprache, Excel-Experte.

Verwende keine übertriebenen Adjektive wie "ausgezeichnet" oder "makellos". Leider sind das Worte, die jeder benutzt und die deshalb ihre Bedeutung und Glaubwürdigkeit verloren haben.

Gruppenfähigkeiten

Überlege dir, deine Fähigkeiten in Kategorien zu gruppieren. Das hilft potenziellen Arbeitgebern dabei, wichtige Fähigkeiten zu erkennen, die du in das Unternehmen einbringen kannst. Achte darauf, dass du nur Fähigkeiten angibst, die für die Stelle, für die du dich bewirbst, relevant sind.

Wie sollte ich die Fähigkeiten im Lebenslauf organisieren?

Es ist normalerweise eine gute Strategie, die wichtigsten Fähigkeiten an den Anfang zu stellen, wo sie für einen potentiellen Arbeitgeber am besten sichtbar sind. Wenn du mehrere Schlüsselwörter nennst, ist es empfehlenswert, eine zwei- oder dreispaltige Aufzählung zu verwenden.

Arbeitgeber bevorzugen in der Regel eine Aufzählung von Fähigkeiten. Aufzählungslisten sind einfacher zu lesen und identifizieren wichtige Fähigkeiten.

Wenn ich mich beruflich verändere, wie kann ich meine Fähigkeiten am besten beschreiben?

Du musst dich auf übertragbare Fähigkeiten konzentrieren. Analysiere zuerst die Anforderungen des Zieljobs:

Basierend auf der Stellenbeschreibung, welche Fähigkeiten werden benötigt?

Kommunikationsfähigkeiten? Computerkenntnisse? Organisatorische Fähigkeiten?

Erstelle eine Liste mit allen Fähigkeiten, die du brauchst. Dann überprüfe für jede einzelne Fähigkeit deine persönliche Geschichte hinsichtlich der Aktivitäten, bei denen du ähnliche Fähigkeiten eingesetzt hast.

Stell dir zum Beispiel vor, dein berufliches Ziel erfordert, dass du ans Telefon gehst und dann Informationen bereitstellst oder den Benutzer an die richtige Person weiterleitest. Dies erfordert die Fähigkeit, mit einem Kunden zu kommunizieren, seine Bedürfnisse zu analysieren und dann eine Entscheidung zu treffen, wie man diese Bedürfnisse erfüllen kann.

Du könntest diese Fähigkeiten auch in jedem anderen Job in der Kundenbetreuung einsetzen.

Ich bin ein frischgebackener Hochschulabsolvent, wie kann ich meine Fähigkeiten am besten beschreiben?

Überprüfe die Kurse, die du in der Schule absolviert hast, und auch Erfahrungen in Voll- oder Teilzeitjobs, ehrenamtlichen Tätigkeiten oder studentischen Aktivitäten. Dann denke über die Fähigkeiten und Fertigkeiten nach, die du benutzt oder gelernt hast und die für dein Berufsziel relevant sind. Die Auflistung all dieser Punkte wäre ein guter Anfang, um deine Fähigkeiten zu beschreiben.

Soll ich über Fähigkeiten schreiben, die nichts mit dem jeweiligen Job zu tun haben?

Schreibe nur die Dinge in deinen Lebenslauf, die dich zu einem interessanten Kandidaten für den Job machen. Wenn du eine Fähigkeit besitzt, die für diesen Job nicht notwendig ist, dann schreibe sie nicht.

22. BERUFSERFAHRUNG

Der Abschnitt "Berufserfahrung" ist der wichtigste Teil deines Lebenslaufs, denn hier sind die wichtigsten Qualifikationen aus früheren Jobs konzentriert, und hier gibst du dem Arbeitgeber die Motivation, die er braucht, um dich zu einem Vorstellungsgespräch zu holen.

Während du diesen Abschnitt schreibst, ist es wichtig, dass du die Art der Position, den Beruf und die Branche, die du anstrebst, bereits kennst, um die Darstellung deiner bisherigen Berufserfahrung entsprechend anpassen zu können.

Deine Arbeitserfahrung muss sich tatsächlich für dein Karriereziel qualifizieren.

Nimm daher nur die Aufgaben, Fähigkeiten und Leistungen auf, die den Qualifikationen entsprechen, die du für deinen nächsten Job brauchst.

Berücksichtige alle Arbeitserfahrungen (auch unbezahlte, nebenberufliche, ehrenamtliche oder beratende) der letzten 10 bis 15 Jahre, die zeigen, dass du in der Lage bist, Erfolge zu erzielen und positive Ergebnisse zu produzieren.

Der Abschnitt listet deine Positionen bei früheren Unternehmen in umgekehrter chronologischer Reihenfolge auf, beginnend mit dem letzten Job.

Anstatt den Abschnitt mit dem klassischen "Berufserfahrung" oder einfach nur "Arbeit" zu betiteln, verwende eine repräsentativere Bezeichnung, um zum Beispiel deine Eignung für die Stelle zu verstärken:

- "Jobs in Marketing und Vertrieb"

- "Erfahrungen im Management"

- "Jobs im Business Development"

Wie auch immer, das Wichtigste ist, dass dieser Abschnitt mehr ist als nur eine Liste deiner bisherigen Jobs.

Es geht darum, potenzielle Arbeitgeber davon zu überzeugen, was du am besten kannst und deine Stärken hervorzuheben, um deinen Lebenslauf wettbewerbsfähig zu machen.

INFORMATIONEN, DIE ENTHALTEN SEIN MÜSSEN

Füge für jeden Job einen zusammenfassenden Absatz (2 bis 3 Sätze) hinzu, der deine Rolle insgesamt messbar beschreibt, deine wichtigsten Leistungen skizziert und Informationen über das vorherige Unternehmen liefert.

Beschreibe vielmehr die Größe des Unternehmens, die Abteilung, das Jahres- oder Umsatzbudget und die Anzahl der Personen, die für oder mit dir gearbeitet haben.

Gib eine Vorstellung von dem Wert des ehemaligen Unternehmens auf dem Markt und deinem Wert innerhalb des Unternehmens.

Wenn die Branche nicht aus dem Firmennamen ersichtlich ist und diese Information für den potenziellen Arbeitgeber relevant ist, beschreibe das Unternehmen genauer ("eine führende Werbeagentur...").

Als Nächstes folgst du der Beschreibung mit einer Aufzählung der wichtigsten Leistungen innerhalb dieser Position, um deine Fähigkeit zu demonstrieren, in diesem Job Ergebnisse zu erzielen. Ziehe in Erwägung, die Fähigkeiten zu betonen, die du besitzt und gerne einsetzt, und die Fähigkeiten zu minimieren, die du nicht mehr einsetzen möchtest.

Viele beschränken sich in ihrem Lebenslauf auf eine Auflistung der Aufgaben, die sie in jeder Position ausgeführt haben. Personalverantwortliche suchen jedoch nach Beweisen dafür, dass du deine Fähigkeiten und Fertigkeiten so einsetzen kannst, dass sie einen Mehrwert für das Unternehmen darstellen.

Der beste Weg, um deine Fähigkeiten und dein Verantwortungsbewusstsein zu demonstrieren, ist, über deine ergebnisorientierten Aktionen zu schreiben. Ein Ergebnis kann jede durchgeführte Aktion sein, die dem Unternehmen einen greifbaren Nutzen gebracht hat: Effizienzsteigerung, Zeitersparnis, Geldeinsparung...

Verwende Beispiele für konkrete Situationen und Geschichten über deine Arbeit und Erfolge.

IDENTIFIZIERE DEINE ERGEBNISSE

Die folgenden Fragen helfen dir, die wichtigsten Errungenschaften, die du in der Vergangenheit gemacht hast, zu identifizieren.

Während du jede Frage beantwortest, denke über die Herausforderungen nach, denen du gegenüberstandest, wie du diese Herausforderungen überwunden hast und das positive Ergebnis deines Handelns.

Fragen:

- Wie hast du höhere Einnahmen erzielt oder Kosten reduziert?

- Hast du jemals die Qualität oder den Wert eines Produktes oder einer Dienstleistung erhöht?

- Was hast du geschaffen, entworfen, begonnen oder gemanagt und warst dabei erfolgreich?

- Welche Situationen hast du erlebt, die eine Lösung erforderten?

- Wie hast du eine bestimmte Krise gelöst oder eine besondere Herausforderung gemeistert? Was war die Auswirkung auf die Organisation?

- Welche täglichen oder routinemäßigen Aufgaben hast du erledigt?

- Welche Fähigkeiten hast du in früheren Jobs effektiv genutzt?

- Wurdest du schon einmal befördert?

- Hast du Auszeichnungen und Anerkennungen erhalten?

- Was hat dich von deinen Kollegen abgehoben?

- Hast du dem vorherigen Arbeitgeber jemals Verbesserungen vorgeschlagen, die später berücksichtigt wurden?

- Warst du schon einmal für die Erstellung neuer Verfahren verantwortlich?

- Hast du schon einmal etwas getan, um einen Prozess effizienter zu gestalten?

- Warst du schon einmal für die Einarbeitung neuer Mitarbeiter verantwortlich?

- Haben sich deine Kollegen an dich gewandt und dich um Hilfe gebeten?

- Wofür hat dich dein Manager ständig gelobt?

- Was sind deine persönlichen Stärken oder Eigenschaften? Was davon ist ein Mehrwert für eine Organisation?

WÄHLE DIE BERUFSBEZEICHNUNG SORGFÄLTIG

Die meisten Arbeitssuchenden verkaufen ihre Fähigkeiten auf eigene Faust, indem sie ihre Berufserfahrung mit Titeln versehen, die nicht genau die Verantwortung widerspiegeln, die sie hatten.

Wenn du eine Berufsbezeichnung wählst, ist es wahrheitsgemäßer, eine zu verwenden, die tatsächlich den Aufgaben und Verantwortlichkeiten entspricht, als die tatsächliche Berufsbezeichnung.

Das bedeutet nicht, dass du Unwahrheiten erzählst oder dich als das verkaufst, was du nicht bist, es bedeutet einfach, dich nicht zu "verkaufen".

Wenn dein offizieller Titel zum Beispiel "Account Manager" lautet, die wahre Natur deines Jobs aber darin besteht, alle nationalen Kunden des Unternehmens zu betreuen, dann wäre es angemessener, einen Titel wie "National Account Manager" zu verwenden.

Auch wenn du eine Karriere in einem spezialisierten Bereich anstrebst, solltest du darauf achten, dass dein Lebenslauf deine Erfahrung mit den entsprechenden Jobtiteln kommuniziert:

Wenn du dich einfach als "Software Engineer" bezeichnest, werden die meisten Arbeitgeber deine Spezialitäten nicht verstehen; entscheide dich also dafür, dich als "Java Programmer" zu bezeichnen, wenn du tatsächlich die meiste Zeit mit dieser Art von Programmiercode gearbeitet hast.

Außerdem bedeutet ein Jobtitel in verschiedenen Unternehmen unterschiedliche Dinge: ein Vizepräsident in einem kleinen Unternehmen kann die gleiche Verantwortung haben wie ein Abteilungsleiter in einem größeren Unternehmen. In anderen Unternehmen kann ein Verwaltungsassistent die Aufgaben eines Office Managers übernehmen.

Wenn du dich beruflich veränderst und deine bisherigen Berufsbezeichnungen nicht die Art der Arbeit widerspiegeln, die du anstrebst, solltest du in Erwägung ziehen, diese Berufsbezeichnungen, die nichts mit der wahren Natur deiner Arbeit zu tun haben, durch eine Bezeichnung zu ersetzen, die für deine Karriere relevanter ist.

TIPPS, WENN DU DICH BERUFLICH VERÄNDERST

Der Abschnitt über die Berufserfahrung sollte nur beschreiben, wie deine Fähigkeiten und Fertigkeiten auf den Job anwendbar sind, den du suchst.

Im Folgenden findest du ein paar Vorschläge, um die Informationen besser zu formulieren:

- Entferne oder formuliere Jobfunktionen und Fähigkeiten, die sich nur auf deine vorherige Karriere beziehen, neu.

- Entferne Branchensprache und Jargon, der sich nur auf deine vorherige Karriere bezieht.

- Identifiziere und kommuniziere übertragbare Fähigkeiten, die für deine neue Karriere wertvoll sind.

- Zeige anhand von Beispielen, dass du dich schnell anpasst und ein schneller Lerner bist, jemand, der sofort lernt.

- Betone deine Qualifikationen, die zu deinem Berufswunsch passen, und minimiere nicht verwandte Erfahrungen.

Denke daran, dass viele Fähigkeiten oft in verschiedenen Berufen verwendet werden.

Eine nützliche Fähigkeit für die meisten Berufe ist zum Beispiel die "Fähigkeit, effektiv zu kommunizieren", sowohl in Wort als auch in Schrift. Sprach- und Computerkenntnisse sind auch Fähigkeiten, die sich gut in die meisten anderen Berufe übertragen lassen. Das Gleiche gilt für Verhandlungsgeschick, Führungsqualitäten, kritisches Denken und Problemlösungskompetenz.

Wenn du aber einen bedeutenden Karrierewechsel machst, wähle einen funktionalen Lebenslauf, in dem die überzeugendsten und interessantesten Gründe, dich einzustellen, in einem großen Relief erscheinen.

In diesem Fall werden in der Rubrik "Berufserfahrung" nicht zusammenhängende Jobs hervorgehoben und nur grundlegende Informationen über deine vorherige Beschäftigung angegeben, wie z.B. der Titel des Jobs, der Name des Unternehmens und die Daten.

Mit einem funktionalen Lebenslauf konzentrierst du dich auf den Verkauf deiner Qualifikationen und minimierst das Gewicht deiner Berufserfahrung.

FRAGEN UND ANTWORTEN ZUM ARBEITSBEREICH

1. Muss ich die Monate in den Daten des Lebenslaufs in Bezug auf die ausgeübten Jobs angeben?

Ich empfehle dir, nur die Jahre anzuzeigen, in denen du gearbeitet hast, ohne die Monate. Die Anzeige der Arbeitsjahre ohne die Monate ergibt einen prägnanteren Lebenslauf und ermöglicht es dem Arbeitgeber, deinen Arbeitsverlauf schnell zu lesen.

2. Was passiert, wenn ich wenig oder keine Erfahrung habe?

Nutze ehrenamtliche, schulische und außerschulische Aktivitäten, um die nötige Erfahrung für das Angebot zu sammeln.

Wenn du bis jetzt nur einen Job gemacht hast, nutze diese Erfahrung voll aus. Unterteile die Erfahrung in ein Inventar von Funktionsbereichen.

Eine Position als "Assistant Accountant" bietet zum Beispiel die folgenden Funktionsbereiche an: Kreditorenbuchhaltung, Budgetierung, Inkasso, Kundenservice und Lohnbuchhaltung.

Beschreibe dann deine Fähigkeiten, Kenntnisse und Leistungen für jeden Funktionsbereich.

Im Folgenden werde ich dir ein paar Fragen stellen, damit du weißt, dass du, auch wenn du nicht viel Berufserfahrung hast, viel in deinen Lebenslauf schreiben kannst!

- Welche Erfahrungen hast du durch unbezahlte Tätigkeiten, Studentenjobs und außerschulische Aktivitäten gesammelt?

- Welche Fähigkeiten besitzt du durch Hobbys?

- Welche persönlichen Eigenschaften besitzt du, die zu dem Beruf passen, für den du dich interessierst?

- Warst du fleißig im Familienbetrieb?

3. Was ist, wenn es große Lücken in meiner Arbeitsgeschichte gibt?

Die meisten kleineren Lücken können versteckt werden, indem nur das Start- und Endjahr, ohne den Monat, verwendet wird.

Wenn die Lücke mehr als ein Jahr beträgt, solltest du in Erwägung ziehen, zu einem funktionalen Lebenslauf zu wechseln, der deine Fähigkeiten und Errungenschaften hervorhebt und die Chronologie deines beruflichen Werdegangs nicht so stark betont.

4. Was mache ich, wenn mein Arbeitsverlauf keine Progression zeigt?

Wenn du seit vielen Jahren dieselbe Tätigkeit ausübst und dir klar ist, dass dieser offensichtliche Mangel an beruflicher Weiterentwicklung deine Chance auf eine Einladung zu einem Vorstellungsgespräch behindert, solltest du in Erwägung ziehen, die Rolle in mehrere Segmente aufzuteilen und diese Rollen als separate Prozesse mit steigenden Verantwortungsebenen aufzulisten.

Selbst wenn du im selben Unternehmen und unter derselben Berufsbezeichnung arbeitest, ist es wahrscheinlich, dass sich deine Fähigkeiten und Fertigkeiten weiterentwickelt haben, und das sollte sich in deinem Lebenslauf widerspiegeln.

5. Was passiert, wenn ich als überqualifiziert eingestuft werde?

Du musst nicht alles in deinen Lebenslauf aufnehmen, nur die Dinge, die dich für dein berufliches Ziel qualifiziert erscheinen lassen.

Führe die letzten 10-15 Jahre deines beruflichen Werdegangs auf und fasse alle zusätzlichen älteren Erfahrungen, die jedoch für die Position relevant sind, in einem separaten Abschnitt mit dem Titel "Zusätzliche Erfahrungen" zusammen.

Ein weiterer Rat: Wenn der Doktortitel dich überqualifiziert aussehen lässt, lass ihn im Lebenslauf weg.

Eine andere Möglichkeit ist es, einen funktionalen Lebenslauf zu erstellen. Füge nur die Fähigkeiten und Fertigkeiten ein, die für die Stelle, auf die du dich bewirbst, relevant sind. Dies hebt die besten Gründe für eine Einstellung hervor und hebt Fähigkeiten und Jobtitel hervor, die dich überqualifiziert erscheinen lassen.

Wenn ein Arbeitgeber denkt, dass du überqualifiziert bist, bedeutet das in der Regel, dass er sich dein Gehalt nicht leisten kann oder dass du dich nicht genug zu dieser Art von Arbeit hingezogen fühlst.

So oder so, wenn du dich tatsächlich zu dem Job hingezogen fühlst, sprich diese Bedenken an und versichere dem Recruiter, dass du der beste Kandidat bist.

6. Was ist, wenn ich viele Jahre für denselben Arbeitgeber gearbeitet habe?

Unterteile deine Erfahrung in verschiedene Stufen (Junior-Buchhalter, Buchhalter, Senior-Buchhalter, etc.) und betrachte jede deiner Positionen als separaten Punkt in deinem Lebenslauf, wobei du jedes Mal den Namen desselben Unternehmens aufführst, um deinen beruflichen Aufstieg zu zeigen.

7. Wie mache ich das, wenn ich selbständig gewesen bin?

Ein Arbeitgeber kann sich fragen, wie gut sich ein Selbstständiger in ein anderes Arbeitsumfeld einfügen kann.

Bereite dich darauf vor, indem du spezifische Stärken in deinen geschäftlichen Aktivitäten identifizierst, die gut für diese Position sind, und spreche eventuelle Bedenken des Arbeitgebers während des Interviews oder in deinem Anschreiben an.

8. Was mache ich, wenn ich eine Reihe von Jobs habe, die nur ein paar Monate gedauert haben, oder wenn ich viele verschiedene Jobs gehabt habe, die sich voneinander unterscheiden?

Wenn dein Lebenslauf mehrere kurzlebige Jobs oder viele verschiedene Jobs dazwischen enthält, wirst du wahrscheinlich bessere Ergebnisse mit einem funktionalen Lebenslauf erzielen, der deine Fähigkeiten, Fertigkeiten und Leistungen betont und die Chronologie deiner Arbeitsgeschichte weniger betont.

Versuche auch, mehrere Arbeitgeber unter einer Überschrift zusammenzufassen. Diese Strategie ermöglicht es dir, deinen Erfolg bei jedem Unternehmen zu demonstrieren, vermeidet aber mögliche Lücken oder Ungereimtheiten in deinem Werdegang.

9. Muss ich meine Gründe für das Verlassen meines vorherigen Arbeitgebers erklären?

Vermeide es, aufzuschreiben, warum du einen früheren Arbeitgeber verlassen hast. Hebe dir diese Informationen für das eigentliche Vorstellungsgespräch auf.

10. Sollte ich bei Zeitarbeit den Firmennamen oder den Namen der Agentur verwenden?

Es ist generell ratsam, die tatsächlichen Namen der Unternehmen aufzuführen, für die du gearbeitet hast.

Wenn du jedoch im Laufe eines Jahres für viele kleine Unternehmen über eine Zeitarbeitsfirma gearbeitet hast, solltest du in Erwägung ziehen, den Namen der

Agentur als deinen Arbeitgeber anzugeben. Es wird den Eindruck erwecken, dass du eine stabile Langzeitbeschäftigung hattest.

11. Muss ich den Titel der ausgeübten Rolle weglassen, wenn ich sie als Freiberufler oder Berater ausgeübt habe?

Nein. Du musst immer einen beschreibenden Titel für deine Arbeit angeben. Diese Informationen sind entscheidend für die Entscheidungsfindung und geben potenziellen Arbeitgebern auf einen Blick eine Vorstellung von deinen Fähigkeiten.

12. Sollte ich Erfahrungen mit einbeziehen, die nichts mit der Stelle zu tun haben, die ich suche?

Du solltest nur Informationen aufnehmen, die für den Job, den du suchst, relevant sind. Wenn das Weglassen von irrelevanten Positionen bedeutet, dass du große Löcher in deinem Lebenslauf hinterlässt, solltest du ein funktionales Format verwenden.

13. Was ist, wenn ich aufgrund meines Alters diskriminiert werden kann?

Es ist nicht wichtig, dass du deine gesamte Berufserfahrung auflistest. In der Regel solltest du nur die letzten 10 bis 15 Jahre auflisten.

14. Wie mache ich das, wenn die meisten meiner Erfahrungen aus meiner Selbstständigkeit stammen?

Wähle einfach Jobtitel aus, die zu den Aufgaben deiner früheren Position passen und auch in das Berufsfeld passen, in dem du suchst.

In Klammern kannst du "Selbstständig" neben deiner Berufsbezeichnung hinzufügen. Beschreibe deine Fähigkeiten und Erfahrungen, so wie du es bei jedem anderen Job auch tun würdest.

Gib in deinem Anschreiben unbedingt an, dass du positive Referenzen von Menschen vorweisen kannst, mit denen du während deiner Zeit als Selbstständiger gearbeitet hast.

15. Wie mache ich das, wenn ich schon seit vielen Jahren zu Hause bin?

Ziehe in Erwägung, deine häusliche Rolle in deinem Lebenslauf zu "verkaufen", genau wie jeden anderen Job in einem Unternehmen, indem du z.B. "Vollzeit-Elternteil" oder "Familienmanager" als Jobtitel verwendest.

Beurteile die Fähigkeiten und Leistungen in deiner häuslichen Rolle, die auf andere Bereiche übertragbar sein könnten, und formuliere diese Erfahrungen so um, dass sie deinen Wert für einen zukünftigen Arbeitgeber demonstrieren.

Wenn nötig, versuche es mit einem funktionalen Lebenslauf, der sich auf Fähigkeiten, Fertigkeiten und Leistungen konzentriert und die Chronologie deines beruflichen Werdegangs minimiert.

16. Soll ich Absätze oder Aufzählungslisten verwenden?

Du musst für jeden Job einen kurzen Absatz einfügen, der deine allgemeine Rolle beschreibt, deine wichtigsten Leistungen umreißt und einige konkrete Informationen über das Unternehmen liefert.

Diesem Absatz sollte eine Aufzählung von wichtigen Leistungen folgen, die die Fähigkeit, Ergebnisse zu erzielen, belegen.

17. Muss ich Erfahrungen aus Sommerjobs und Praktika angeben?

Wenn du in deiner Karriere vorankommst, wirst du nach und nach Erfahrungen aus Sommerjobs und Praktika eliminieren.

18. Soll ich schulische Aktivitäten und akademische Leistungen mit einbeziehen?

Wie oben beschrieben, werden schulische Aktivitäten und akademische Leistungen weniger relevant, je weiter du in deiner Karriere kommst. Generell gilt: Wenn du ein Profi mit fünf oder mehr Jahren Erfahrung im gleichen Bereich bist, kannst du schulische/akademische Erfahrungen weglassen. Lass nur die Highlights im Abschnitt "Ausbildung" stehen.

19. Wie erkläre ich meine Ergebnisse, wenn ich in einem Team gearbeitet habe?

Beschreibe deine Rolle und wie deine persönlichen Leistungen zum Gesamterfolg des Projekts beigetragen haben.

23. TRAINING

Der Abschnitt "Ausbildung" deines Lebenslaufs besteht aus allen akademischen Zeugnissen und allen relevanten Ausbildungen (formale, berufsbegleitende Ausbildung und Weiterbildung).

Sie gehen in die High School, Bachelor- und Masterabschlüsse, aber auch Ausbildungen, die noch "in Arbeit" sind. Außerdem kannst du, sofern du sie nicht in einem separaten Abschnitt aufführst, alle zusätzlichen Ausbildungsprogramme (formell oder informell) einbeziehen: Workshops, Seminare, Zertifikatsprogramme und mehr.

Auch wenn deine Ausbildung für einen zukünftigen Arbeitgeber immer von Interesse sein wird, hängt die Wichtigkeit und Platzierung dieses Abschnitts von der Relevanz für dein Berufsziel, der Art deiner Ausbildung und der Menge an Berufserfahrung ab, die du seit dem Verlassen des Klassenzimmers gesammelt hast.

Wenn du ein frischgebackener Absolvent ohne viel Berufserfahrung bist, aber einen besonders beeindruckenden akademischen Hintergrund hast, oder wenn du eine Position anstrebst, die eine bestimmte Zertifizierung erfordert, die du hast, dann platziere den Abschnitt Ausbildung ganz oben in deinem Lebenslauf.

In anderen Fällen füge sie zum Ende hin ein.

WIE MAN DEN ABSCHNITT SCHREIBT

Die allgemeine Regel ist, die Noten in umgekehrter chronologischer Reihenfolge aufzulisten, wobei du deine höchste Note zuerst schreibst.

Nach dem Erwerb eines Bachelor-Abschlusses musst du deinen Highschool-Abschluss nicht mehr angeben.

- Wenn du einen High-School-Abschluss und einen Post-High-School-Kurs hast, gib beides an.

- Wenn du noch auf dem College bist, schreibe auf, was du studierst und wann du voraussichtlich deinen Abschluss machen wirst.

Du bist ein junger Absolvent mit wenig oder gar keiner Erfahrung?

Da du erst vor kurzem deinen Abschluss gemacht hast, sind deine akademischen Zeugnisse dein stärkstes Kapital und sollten am Anfang deines Lebenslaufs stehen. Dies ist eine gute Gelegenheit, den Leser auf deine akademischen Qualifikationen und dein kontinuierliches Engagement für deine Ausbildung aufmerksam zu machen.

Es ist wichtig, die zwischen den Schreibtischen erworbenen Fähigkeiten, Fertigkeiten und Kenntnisse zu finden, die deine beruflichen Ziele vollständig erfüllen.

Führe auch die College-Fächer auf, die du an der Hochschule studiert hast und die für den Job, den du suchst, relevant sind. Das Gleiche gilt für Universitätsprojekte und deine Rolle innerhalb des Projekts, außerschulische Aktivitäten, Stipendien, Preise und Anerkennungen, die du erhalten hast.

Du bist ein junger Absolvent mit Erfahrung?

Wenn du ein frischgebackener Hochschulabsolvent mit Erfahrung in dem angestrebten Bereich bist, kann der Abschnitt über die Ausbildung zweitrangig werden; Berufserfahrung in dem Bereich ist generell wichtiger als die Ausbildung.

Wenn du weniger als ein Jahr Berufserfahrung hast, fahre fort, detaillierte Ausbildungsdaten einzugeben, ansonsten führe einfach die Ausbildungseinrichtung, den erhaltenen Abschluss und das Jahr der Erlangung auf.

Die Ausnahmen von dieser Regel sind Karrieren in den Bereichen Bildung, Gesundheit, Recht, Finanzen und Wirtschaft, wo deine Ausbildung und deine Zeugnisse weiterhin relevant und wichtige Qualifikationen sind.

Für diese Karrieretypen solltest du weiterhin die entsprechenden Ausbildungen und Zertifizierungen auflisten, die du erhalten hast, sowie Auszeichnungen und außerschulische Aktivitäten, an denen du teilgenommen hast, wiederum wenn sie für dein Karriereziel relevant sind.

Wenn du eine zusätzliche Ausbildung aus Workshops oder Seminaren hast, erwäge, diese Weiterbildung in einem Abschnitt mit dem Titel "Kurse" oder "Zertifizierungen" hinzuzufügen.

Nutze diesen Abschnitt, um verschiedene Zertifikate, militärische Bescheinigungen oder eine andere erworbene Bildungsqualifikation aufzulisten, die nicht Teil des formalen Bildungsprogramms ist. Damit zeigst du denjenigen, die deinen Lebenslauf lesen, dass du mit Fakten an die Idee des lebenslangen Lernens glaubst, denn du hast die Bereitschaft, deine Fähigkeiten zu erweitern, um deine Jobposition zu verbessern.

Du kannst die verschiedenen Trainingsarten auch in globale Kategorien gruppieren, wie z.B. "Computer Skills Training" oder "Customer Care Kurse". Platziere die wichtigste Kategorie ganz oben und jedes Element in der Kategorie in umgekehrter chronologischer Reihenfolge.

Musst du das Datum deines Abschlusses angeben?

Obwohl Arbeitgeber es im Allgemeinen bevorzugen, die Daten deines Abschlusses in deinem Lebenslauf zu sehen, ist die Auflistung der Daten deiner Ausbildung keine Voraussetzung. Entscheide je nach Situation, ob es zu deinem Vorteil ist, die Daten zu kennen.

Fragen und Antworten zum Training

1. Wie mache ich das, wenn ich meine College-Kursarbeit noch nicht abgeschlossen habe?

Füge es trotzdem zu deinem Lebenslauf hinzu und schreibe auf, in welchem Jahr du es verdienen willst.

Wenn du auf einem guten Weg bist, kannst du auch angeben, wie viele Fächer du bereits belegt hast, um deinen Fortschritt zu zeigen und zu zeigen, dass es dir wichtig ist, deinen Abschluss zu machen.

2. Sollte ich den Notendurchschnitt mit einbeziehen?

Wenn du einen hohen Notendurchschnitt hast, dann ja, in allen anderen Fällen nein.

3. Was passiert, wenn ich mein Studienfach oder die Universität gewechselt habe?

Gib nur den Abschluss an, den du erworben hast und die Universität, die den Abschluss verliehen hat.

4. Muss ich ein Zeugnis beilegen?

Nur wenn es dein letzter formaler Abschluss ist, den du erworben hast. Generell gilt: Wenn du einen Bachelor oder einen postgradualen Abschluss hast, werden Informationen bezüglich der High School nicht berücksichtigt.

5. Muss ich alle Fächer einbeziehen, die ich während des Bachelor- oder Masterstudiums studiert habe?

Nimm nur solche auf, die für den jeweiligen Job nützlich sind, und auch nur, wenn du ein frischgebackener Absolvent ohne oder mit wenig Erfahrung bist.

6. Muss ich meinen Abschluss angeben, wenn er aus einem anderen Land stammt?

Ja. Gib den erworbenen Abschluss an, die Institution, die den Titel verliehen hat und, falls zutreffend, das Datum des Abschlusses.

Übersetze den Abschluss in seine Äquivalenz in Italien (oder für das Land, in dem du dich für die Arbeitssuche entschieden hast).

7. Muss ich alle Semester, die ich im Ausland studiert habe, auflisten?

In der heutigen wachsenden Weltwirtschaft ist der Kontakt mit fremden Ländern und Kulturen ein Pluspunkt für potentielle Kandidaten.

Daher solltest du dein Auslandsstudium mit einbeziehen und auch überlegen, ob du Erfahrungen, Aktivitäten oder Situationen beschreibst, die dir eine Interaktion mit der Kultur des fremden Landes ermöglicht haben.

8. In welcher Reihenfolge liste ich die erworbenen Abschlüsse auf?

Führe die Ausbildung, die du erhalten hast, in der Reihenfolge ihrer Relevanz für die Stelle, die du suchst, auf. Wenn die Ausbildungen gleich wichtig sind, führe sie in umgekehrter chronologischer Reihenfolge auf, wobei der jüngste Titel zuerst aufgeführt wird.

9. Wie kann ich einen Kurs auflisten, der keinen Titel hat, der den Inhalt beschreibt?

Gib den Inhalt der Schulung in Klammern neben dem Titel an.

10. Was ist, wenn ich nur einen oder zwei außerschulische Kurse belegt habe?

Ziehe in Erwägung, die Abschnitte unter einer Überschrift mit dem Namen "Bildung und Ausbildung" zusammenzufassen.

11. Muss ich Ausbildungen einbeziehen, die nicht relevant für den jeweiligen Job sind?

Mach das, wenn du denkst, dass die Ausbildung dich in den Augen des Arbeitgebers zu einem attraktiveren Kandidaten macht. Wenn nicht, füge nur relevante Ausbildungen hinzu.

12. Gibt es ein "Senioritäts"-Limit bezüglich der einzubeziehenden Ausbildung?

Wie schon oft erwähnt, wird fast immer nur berücksichtigt, was du in den letzten 10 oder 15 Jahren gemacht hast.

Wenn du jedoch eine Ausbildung vor diesem Zeitpunkt erhalten hast und diese Ausbildung immer noch gültig und relevant für die Position ist, dann füge sie hinzu, aber ohne das Datum anzugeben.

Genauso wie du in Erwägung ziehen kannst, das Datum für jeden erworbenen Abschluss nicht zu schreiben.

24. SPRACHEN

Nimm deine Fremdsprachenkenntnisse in deinen Lebenslauf auf, wenn sie sich direkt auf das Unternehmen, seine Kunden und das Jobangebot beziehen.

Wenn du zum Beispiel Französisch sprichst und das Unternehmen, für das du arbeiten möchtest, französische Kunden oder Einrichtungen in französischsprachigen Regionen hat, dann ist es wichtig, diese Fähigkeit in deinem Lebenslauf zu dokumentieren.

Denke daran, deine Fähigkeiten nicht zu überschätzen!

Während des Einstellungsprozesses wirst du nach deinen Sprachkenntnissen beurteilt werden. Es kann auch während des Vorstellungsgesprächs passieren: Der Personalverantwortliche kann anfangen, sich mit dir in der betreffenden Fremdsprache zu unterhalten und dir Fragen zu stellen, sodass du die Wahrheit über dein Sprachniveau sagen musst.

In deinem Lebenslauf solltest du Sprachkenntnisse am Anfang aufführen, wenn sie für die Stelle, auf die du dich bewirbst, wichtig sind, ansonsten am Ende.

25. VOLUNTEERING

Wenn du noch nicht viel Berufserfahrung hast, können ehrenamtliche Tätigkeiten eine Goldgrube für einen tollen Lebenslauf sein. Auch für erfahrene Fachkräfte ist der Einsatz für eine gute Sache ein Beweis für wertvolle persönliche Eigenschaften und ein Engagement für die Gemeinschaft.

Auch für frischgebackene Absolventen oder Quereinsteiger kann Freiwilligenarbeit ein wichtiger Teil der Qualifizierung sein, vor allem, wenn du während der Freiwilligenarbeit Leistungen nachweisen kannst, die in keiner Weise auf eine "klassische" Berufserfahrung hinauslaufen.

Was auch immer deine freiwillige "Arbeit" war, du kannst sie in wertvolle Erfahrung in deinem Lebenslauf verwandeln. Grundsätzlich gilt: Wenn die ehrenamtliche Arbeit für die Stelle relevant ist, dann führe sie in deinem Lebenslauf genauso auf wie die bezahlte Arbeitserfahrung, nur in einem anderen Abschnitt. Diese Informationen werden normalerweise am Ende des Lebenslaufs aufgeführt.

Denke daran, dass unbezahlte Erfahrung genauso wertvoll ist wie bezahlte!

Soll ich ehrenamtliche Arbeit in religiösen, politischen oder ethnisch spezifischen Organisationen auflisten?

Stelle dir diese Frage: "Wenn ich diese Informationen aufschreibe, werde ich dann einen positiven Eindruck in den Augen der Recruiter hinterlassen?"

Politische, religiöse und ethnische Themen sollten während des Einstellungsprozesses normalerweise vermieden werden. Wenn du dir aber sicher bist, dass diese Art von ehrenamtlicher Arbeit eine positive Eigenschaft hervorhebt und du nicht Gefahr läufst, den potenziellen Arbeitgeber zu verärgern, kannst du sie in deinen Lebenslauf aufnehmen.

Muss ich das Datum der Freiwilligenarbeit angeben?

Wenn sich dein Engagement für die Organisation über einen langen Zeitraum erstreckt hat, kann es hilfreich sein, das Datum anzugeben. Wenn dein Engagement jedoch nur minimal war, dann kannst du es vermeiden, es aufzuführen.

26. FREIZEIT

Nutze diesen Abschnitt, um Aktivitäten oder andere persönliche Informationen aufzulisten, die deine Eigenschaften veranschaulichen, die, wie immer, für die Position relevant sind.

Andernfalls vermeide es, sie mit einzubeziehen, da du den Eindruck erwecken könntest, dass du nicht auf die Arbeit fokussiert bist und dich weniger für deine Karriere einsetzt als deine Konkurrenz.

Arten von Aktivitäten, die du eingeben kannst:

- Der Sport demonstriert Leidenschaft, Engagement und eine gewinnende Einstellung.

- Das Engagement in Organisationen und andere außerschulische (oder berufliche) Aktivitäten zeigen, dass du ein ausgeglichenes Berufsleben hast und bestimmte Qualitäten und Eigenschaften besitzt, die gut für deine Position sind.

Achte darauf, die Rolle anzugeben, die du in jeder Organisation innehast, vor allem, wenn du über eine gewählte Position wie Schatzmeister, Sekretär oder Präsident sprichst, aber auch, wenn du der Gründer bist.

Gib niemals an, dass du einem Verein angehörst, in dem du nicht wirklich aktives Mitglied bist, da du während des Vorstellungsgesprächs dazu befragt werden wirst. Nenne den Namen der Organisation, Daten, Errungenschaften und alles andere, was deine Fähigkeit beweist, erfolgreich zu sein und positive Ergebnisse zu erzielen. Auszeichnungen und Anerkennungen, die deine Führungsqualitäten demonstrieren, sollten ebenfalls dazugehören.

Liste alle Aktivitäten in diesem Abschnitt in der Reihenfolge ihrer Wichtigkeit für einen potentiellen Arbeitgeber auf.

Wenn du über diese Aktivitäten schreibst, solltest du sie wie einen Job behandeln:

- Welche Ergebnisse hast du erzielt?

- Welche Fähigkeiten hast du entwickelt?

- Welche Erfahrungen hast du gesammelt?

Sollte ich Hobbys und Interessen in meinem Lebenslauf aufführen?

Wenn zum Beispiel deine Hobbys mit dem Computer zu tun haben und dein Job Computerkenntnisse erfordert, dann solltest du diese Informationen mit einbeziehen.

Wenn deine Hobbys und Interessen hingegen nicht berufsbezogen sind und keine persönlichen Eigenschaften widerspiegeln, die dir bei der Verfolgung deiner Karriere helfen könnten, kannst du diese Informationen in deinem Lebenslauf weglassen.

27. VERÖFFENTLICHUNGEN

Alle Bücher, Artikel, Geschichten oder Abhandlungen, die du verfasst, mitverfasst oder zu denen du beigetragen hast, können ein effektiver Weg sein, um einem potentiellen Arbeitgeber deine Erfahrung in deinem Bereich zu demonstrieren und zu zeigen, dass du auch die notwendigen Schreib- und Kommunikationsfähigkeiten hast, die für die Position benötigt werden.

Der Bereich Publikationen ist besonders wichtig für eine Karriere in der Wissenschaft, Medizin, Jura, Literatur und im Journalismus.

Nenne, wie immer, Publikationen, in denen deine Arbeit für dein berufliches Ziel relevant ist.

Dies ist eine Gelegenheit, dem Leser den Wert deiner kollegialen Reputation verständlich zu machen und persönliche Initiative in deinem Bereich zu demonstrieren.

Wenn du viel "veröffentlicht" hast, musst du selektiv vorgehen und nur bekannte oder wichtige Publikationen auflisten.

Listen Sie Ihre Veröffentlichungen in umgekehrter chronologischer Reihenfolge auf, so dass die Liste mit Ihrer jüngsten Arbeit beginnt. Gib den Titel der Arbeit, des Artikels oder des Buches, den Namen der Zeitschrift (falls zutreffend), den Namen des Verlags und das Datum der Veröffentlichung an. Achte darauf, die Namen der Co-Autoren anzugeben, falls vorhanden.

Gib eine kurze Beschreibung des Inhalts der Veröffentlichung. Wenn dein Artikel oder Buch positiv rezensiert wurde, füge ein paar Zeilen aus derselben Rezension hinzu.

Gib ggf. zusätzliche Details zu deiner Veröffentlichung an, wie z.B. Band und Seitenzahl. Verwende Abkürzungen wie: vol. (Band), p. (Seite), oder n. (Nummer).

Soll ich Veröffentlichungen einbeziehen, die noch nicht veröffentlicht sind?

Wenn die Stelle noch nicht veröffentlicht ist, verwende das erwartete Datum als Veröffentlichungsdatum. Sobald der Artikel veröffentlicht wurde, aktualisiere deinen Lebenslauf entsprechend.

Wie viele Publikationen sollte ich auflisten?

Wenn du ein weit verbreiteter Autor bist, führe nur Arbeiten auf, die bekannt, wichtig oder sehr relevant für deinen Lebenslauf sind. Eine vollständige Liste deiner Veröffentlichungen kannst du während des Gesprächs auf einer separaten Seite einfügen.

Auf der anderen Seite gibt es kein Zeitlimit für Veröffentlichungen in deinem Lebenslauf. Wenn du jedoch ein produktiver Autor bist, kannst du die Liste auf die Arbeiten beschränken, die in den letzten 10 oder 15 Jahren veröffentlicht wurden, oder auf die, die besonders relevant für den Job sind, den du suchst.

28. ZERTIFIZIERUNGEN

Für einige Berufe ist die entsprechende Lizenzierung, Zertifizierung oder Akkreditierung eine wichtige Voraussetzung. Arbeitgeber müssen in der Lage sein, diese Informationen schnell zu finden.

Dann nutze diesen Abschnitt, um alle Lizenzen, Zertifizierungen, Akkreditierungen und gesetzlichen Dokumente aufzulisten, die für dein berufliches Ziel relevant sind.

Wenn du außerdem bei einem Berufsverband registriert bist, wird der potenzielle Arbeitgeber denken, dass du wichtige Eigenschaften hast, wie z.B. Hingabe zum Handwerk und ein starkes Verlangen, zu lernen und beruflich zu wachsen. Außerdem zeigt das Engagement in einer Berufsorganisation, dass du mit den aktuellen Trends der Branche vertraut bist.

Dieser Abschnitt ist essentiell für diejenigen, die in den Bereichen Medizin, Recht, Technik, Finanzen, Buchhaltung, Immobilien, Lehre, Beratung und anderen Berufen arbeiten, die durch Lizenzen geregelt sind.

Wenn du für die Stelle, für die du dich bewirbst, ein Arbeitsvisum benötigst, führe es in diesem Abschnitt auf.

Wenn du für ein Zertifikat berechtigt bist, es aber noch nicht erhalten hast, führe es unter Verwendung des erwarteten Ausstellungsdatums als Datum für die Zertifizierung auf oder verwende die Worte "in Bearbeitung" oder "zur Genehmigung anstehend".

Bestimme, welche Informationen enthalten sein sollen

Berücksichtige das Datum deiner Mitgliedschaft, den Namen der Vereinigung und den Titel, den du innerhalb der Vereinigung erworben hast.

Füge die folgenden zusätzlichen Informationen hinzu, wenn möglich:

- Wenn du eine Führungsposition innerhalb der Organisation innegehabt hast, führe den Titel auf und fasse deine Aufgaben kurz zusammen.

- Liste die Auszeichnungen und Anerkennungen auf, die du innerhalb der Organisation erhalten hast.

- Wenn du Teil einer Organisation bist, die dem potenziellen Arbeitgeber unbekannt sein könnte, beschreibe ihre Art, indem du ihre Website angibst.

Gibt es irgendwelche Lizenzen oder Zertifizierungen, die ich nicht angeben sollte?

Du musst nur die Lizenzen oder Zertifizierungen angeben, die für dein berufliches Ziel relevant sind.

Was passiert, wenn meine Lizenz oder Zertifizierung nicht mehr gültig ist?

Wenn Lizenzen oder Zertifizierungen ein wichtiger Teil deines beruflichen Werdegangs sind und dich zu einem attraktiveren Kandidaten machen, füge abgelaufene Lizenzen als Nachweis für vergangenes Wissen oder Erfahrung hinzu. Sag im Vorstellungsgespräch, ob du Maßnahmen ergreifst, um sie zu erneuern.

Was mache ich, wenn ich Mitglied in einer Berufsorganisation bin, die nicht spezifisch für meinen Beruf ist?

Es sei denn, dein Eintritt in die Organisation zeigt eine Qualität, die vom zukünftigen Arbeitgeber gewünscht wird oder die für dein Karriereziel relevant ist, dann entferne diese Information aus dem Lebenslauf.

Soll ich Organisationen einbeziehen, in denen ich nicht mehr aktiv Mitglied bin?

Wenn du kein aktives Mitglied bist, überlege dir, deine Mitgliedschaft trotzdem zu "verkaufen", falls sie für deinen Karriereplan relevant ist.

In diesem Fall führe die Daten der Zugehörigkeit zu der Organisation auf.

29. ERHALTENE AUSZEICHNUNGEN

Auszeichnungen sind eine großartige Möglichkeit, um wichtige Leistungen zu demonstrieren, für die du anerkannt wurdest. Eine Auszeichnung ist ein Beweis für deinen Erfolg und verleiht deinem Lebenslauf objektive Glaubwürdigkeit.

Deine bemerkenswerten Errungenschaften sollten im gesamten Lehrplan enthalten sein.

Wenn du jedoch die Aufmerksamkeit auf ein paar besondere Leistungen und Auszeichnungen lenken möchtest, füge einen Abschnitt mit dem Titel "Auszeichnungen und Anerkennungen" hinzu.

Füge einige Details hinzu, wenn die Auszeichnung für den Leser nicht leicht zu erkennen ist, und vermeide Abkürzungen, die nicht klar sein könnten.

Achte in der Praxis darauf, die Auszeichnung zu beschreiben, wenn sie nicht selbsterklärend ist. Versuche auch, den Prozess, der dich zum Gewinn der Auszeichnung geführt hat, mit einem Gefühl von Wettbewerb zu versehen.

30. EX-STRÄFLINGE

Für einen ehemaligen Straftäter kann die Arbeitssuche aus zwei Gründen schwieriger sein.

Erstens ist es dir vielleicht unangenehm, über die Details der Verhaftung und Verurteilung zu sprechen. Ein Unbehagen, das der Anwerber sicherlich auch haben kann.

Zweitens, wenn du inhaftiert warst, warst du natürlich auch nicht auf dem Arbeitsmarkt, was eine rote Fahne in deinem Lebenslauf hervorrufen wird.

Diejenigen, die dich auswählen, sind misstrauisch gegenüber denjenigen, die Zeiträume haben, die nicht in deinem Lebenslauf stehen.

Aber was soll man angesichts dieser Bedenken tun?

Sei zunächst ehrlich, verstecke deine Vergangenheit nicht, sondern drehe sie zu deinen Gunsten, indem du deutlich machst, dass du größere Hindernisse überwindest als die anderen typischen Kandidaten auf dem Markt, weil du dich mehr als die anderen dafür einsetzt, zu zeigen, dass du ein produktives und gesetzestreues Mitglied der Gesellschaft bist.

Gib in deinem Lebenslauf alle Jobs an, die du im Gefängnis ausgeübt hast und alle Ausbildungen, die du absolviert hast. Behandle diese Aktivitäten wie eine traditionelle Beschäftigung und Ausbildung.

Nutze deine Gefängniserfahrung, um deine Fortschritte bei der Rückkehr in ein produktives Leben zu zeigen. Einen Job zu finden ist ein wichtiger Schritt, um sich wieder in die Gesellschaft einzugliedern.

FRAGEN UND ANTWORTEN FÜR EHEMALIGE GEFANGENE

1. Sollte ich über mein Vorstrafenregister lügen?

Nein! Lüge nicht. Dein Strafregister ist öffentlich und kann von deinem Arbeitgeber eingesehen werden. Sei ehrlich und aufrichtig über deine Vergangenheit.

2. Soll ich erklären, dass ich nicht schuldig war, obwohl ich verhaftet, angeklagt, verurteilt und eingekerkert wurde?

Anstatt in der Vergangenheit zu schwelgen, solltest du das Gespräch darauf lenken, wie du zum zukünftigen Erfolg deines Arbeitgebers beitragen willst.

3. Kann ich es ablehnen, über diesen Aspekt meines Lebens zu sprechen?

Wenn du dich weigerst, über deine Vergangenheit zu sprechen, besonders wenn du direkt gefragt wirst, wird der Arbeitgeber glauben, dass du etwas vor ihm verheimlichst. Nimm es als gegeben hin, dass dich Recruiter nach deiner Vergangenheit fragen werden und übe mit Freunden, Familie oder Kollegen, um deine Antworten zu verbessern.

Das Ziel ist es, die Frage ehrlich anzusprechen und dann das Gespräch wieder auf deine Fähigkeit zu bringen, einen sinnvollen Beitrag für den Arbeitgeber zu leisten.

4. Welcher Lehrplan ist am besten für jemanden, der im Gefängnis war?

Denke daran, dass das Ziel eines Lebenslaufs ist, dich zu einem Vorstellungsgespräch zu bringen.

Erklärungsbedürftige Details aus deiner Vergangenheit sollten in der Interview-Phase aufgeschoben werden. Eine Möglichkeit, diese Diskussion zu verschieben, ist die Verwendung eines funktionalen Formats. Das funktionale Format hebt deine Fähigkeiten und Leistungen hervor und minimiert deinen beruflichen Werdegang.

5. Ich wurde vor vielen Jahren wegen eines Verbrechens verurteilt und ins Gefängnis gesteckt. Sollte ich diese Information in meinen Lebenslauf aufnehmen oder sie im Vorstellungsgespräch offenlegen?

Deine Inhaftierung, sowie irrelevante Arbeitserfahrungen, die du in der fernen Vergangenheit hattest, können weggelassen werden. Aber wenn der Arbeitgeber dich bittet, eine Kopie deines Strafregisters vorzulegen, ist es in deinem besten Interesse, deinen Hintergrund offenzulegen, bevor er es herausfindet.

Nutze die Tatsache, dass du nach deiner Entlassung aus dem Gefängnis eine lange Arbeitsgeschichte hast, um zu zeigen, dass du dein Leben umgekrempelt hast und ein produktives Mitglied der Gesellschaft bist.

6. Warum ist ein Arbeitgeber an meinem Strafregister interessiert?

Arbeitgeber haben mehrere Pflichten, wenn sie einen neuen Mitarbeiter einstellen.

Einer davon ist, die Sicherheit des Arbeitsplatzes zu gewährleisten. Und jemanden einzustellen, der wegen eines Gewaltverbrechens verurteilt worden ist, könnte diese gefährden.

Eine weitere Verantwortung ist die Rentabilität des Unternehmens. Jemanden einzustellen, der wegen einer Straftat gegen den Arbeitgeber, wie z.B. Unterschlagung, verurteilt wurde, könnte den Erfolg des Unternehmens gefährden.

Letztendlich sind die Fragen des Arbeitgebers nicht dazu gedacht, in deine Privatsphäre einzudringen oder dich einzuschüchtern, sondern sollen ihnen helfen, die Bedürfnisse des Unternehmens zu erfüllen.

31. SCHLÜSSELWÖRTER

Dies sind wichtige Komponenten in einem Lebenslauf, da potenzielle Arbeitgeber eine Liste von Schlüsselwörtern und Phrasen verwenden, um in Datenbanken zu suchen.

Je mehr Schlüsselwörter im Lebenslauf enthalten sind, desto wahrscheinlicher wird dein Lebenslauf für eine weitere Überprüfung ausgewählt.

Natürlich brauchst du keinen speziellen Abschnitt mit Schlüsselwörtern, platziere sie einfach klug (und nicht wahllos) in deinem Lebenslauf. Wenn du dir jedoch nicht sicher bist, ob du den Lebenslauf richtig gefüllt hast, füge einen eigenen Abschnitt hinzu.

Dieser Abschnitt sollte zusätzliche Fähigkeiten beinhalten, die du besitzt, wobei du Begriffe aus der Fachsprache verwenden solltest, die deine Erfahrung beschreiben.

Wenn möglich, verwende Schlüsselwort-Synonyme in deinem Lebenslauf, um sicherzustellen, dass du die größte Chance hast, ausgewählt zu werden, wenn dein Lebenslauf durchsucht wird.

Welche Keywords du eingeben musst

Das hängt vor allem von deiner Karriere und der Art der Stelle ab, für die du dich bewirbst.

Um dir zu helfen, analysiere Stellenanzeigen für ähnliche Jobs und liste Fähigkeiten, Qualifikationen, technisches oder Produktwissen, Branchenjargon, persönliche Eigenschaften und beschriebene Erfahrung auf, die gesucht werden. Dann überprüfe deinen Lebenslauf und versuche, die richtige Anzahl an Schlüsselwörtern und Phrasen einzubauen, ohne es zu übertreiben, ohne sie dort zu platzieren, wo sie nicht gebraucht werden, und vor allem ohne über deine tatsächlichen Fähigkeiten zu lügen!

32. REFERENZEN

Es ist nicht mehr üblich, "Referenzen auf Anfrage erhältlich" in deinen Lebenslauf zu schreiben.

Die meisten Arbeitgeber nehmen das als selbstverständlich hin, also schreibe es nicht ab!

Natürlich solltest du sie für den Fall eines Vorstellungsgesprächs immer parat haben und die Interessenten im Vorfeld um Erlaubnis fragen und besprechen, welche Art von Empfehlung sie dir geben werden.

Bereite eine Liste mit Referenzen vor

Achte darauf, dass du drei bis fünf Referenzen hast. Frage diese Leute:

- bisherige Führungskräfte

- bisherige Vorgesetzte

- Führungsteam-Mitglieder

- kaufmännische Mitarbeiter

- berufliche Kontakte

- Kunden

- Professoren

- Gemeindeleiter in der Sozialarbeit

Achte darauf, dass du die Kontakte, die du kontaktiert haben möchtest, an den Anfang der Liste stellst.

Wähle die richtigen Referenzen

Du wirst nach Kontakten suchen, die:

- über gute Kommunikationsfähigkeiten verfügen

- du weißt ganz genau

- wird positiv über dich und deine Arbeit sprechen

- Wird deine Erfahrung, Fähigkeiten und Fertigkeiten gut verkaufen

- kannst die Ergebnisse beschreiben, die du erreicht hast

- Kannst deinen Wert für neue Arbeitgeber demonstrieren

Bereitet die Kontakte für den Fall vor, dass sie einen Anruf erhalten

Du solltest deinen ausgewählten Kontakten immer eine Kopie deines Lebenslaufs zusammen mit einer Liste schicken, in der drei bis fünf wichtige Punkte aufgelistet sind, die du ihnen mitteilen möchtest, falls sie von Recruitern angerufen werden.

Versuche, für jeden Kontakt, der dich mit Empfehlungen beehrt, eine andere Liste zu erstellen.

Wie viele Referenzen werde ich brauchen?

Im Allgemeinen sollte deine Referenzliste aus drei bis fünf Kontakten bestehen, es sei denn, du bist in einer Branche wie der Medizin oder im juristischen Bereich, wo eine längere Liste erforderlich sein kann. Wenn du nach einer bestimmten Anzahl von Referenzen gefragt wurdest, solltest du mindestens einen zusätzlichen Kontakt angeben, falls der Personalverantwortliche Schwierigkeiten hat, einen deiner Kontakte zu erreichen.

Sind Freunde und Familienmitglieder gut für Empfehlungen?

Nein! Jeder weiß, dass diese Leute dir gegenüber nicht unparteiisch sind!

33. DAS MOTIVATIONSSCHREIBEN

Ein Anschreiben sollte die Bedürfnisse des Arbeitgebers ansprechen und beschreiben, wie die im Lebenslauf dargestellten Fähigkeiten, Fertigkeiten und Erfahrungen perfekt zu den Anforderungen der jeweiligen Position passen.

Nutze dein Anschreiben, um zu zeigen, wie deine Erfahrung, dein Wissen über das Unternehmen und deine positive Einstellung es dir ermöglichen werden, dich in der Stelle auszuzeichnen.

Das Anschreiben spiegelt auch die Art und Weise deiner Arbeit wider.

Er sollte prägnant sein und ein professionelles Aussehen haben, natürlich frei von Grammatik- und Rechtschreibfehlern. Wenn du einen Lebenslauf an einen potenziellen Arbeitgeber schickst, solltest du immer ein Motivationsschreiben beifügen.

Ein Anschreiben muss diese drei Ziele erfüllen:

1. Stell dich vor und bekunde dein Interesse

Im ersten Abschnitt solltest du beschreiben, wie du von der Stelle erfahren hast. Wenn es durch dein Netzwerk von Kontakten war, solltest du den Namen dieser Person am Anfang des Briefes erwähnen. Eine persönliche Empfehlung schafft eine Verbindung zwischen dir und dem Personalverantwortlichen und es bedeutet auch, dass dich jemand für vertrauenswürdig hält, so vertrauenswürdig, dass du weißt, dass sie jemanden wie dich bei diesem Unternehmen suchen.

Nutze diesen einleitenden Absatz, um die Stelle zu identifizieren und die Gründe auszudrücken, warum du an dem Angebot interessiert bist.

2. Beschreibe deine Fähigkeiten

Im Hauptteil deines Anschreibens schreibst du, wie deine Fähigkeiten und Erfahrungen die Anforderungen der Stelle erfüllen.

Ein effektiver Weg, dies zu tun, ist die Auflistung aller Anforderungen in der Stellenbeschreibung und dann, neben der Anforderung, die Beschreibung der Fähigkeiten, Fertigkeiten und Erfahrungen, die du besitzt, so dass du mit Beweisen zeigen kannst, dass du diese Anforderungen erfüllst.

Wenn du dich mit dem Unternehmen auseinandergesetzt hast und seine aktuellen und zukünftigen Bedürfnisse kennst, beschreibe, wie deine Fähigkeiten, Fertigkeiten und Erfahrungen dem Unternehmen helfen können, seine kurz- und langfristigen Ziele zu erreichen.

3. Ein Interview anfordern

Im letzten Absatz des Briefes fasst du deine Fähigkeiten zusammen und wiederholst, warum du glaubst, dass du ein starker Kandidat bist, und bewertest die Tatsache, dass du Interesse und Begeisterung für das Angebot hast, neu.

Bitte schließlich um ein Vorstellungsgespräch, um dich besser vorstellen und die Stelle persönlich besprechen zu können. Und vergiss nicht zu erwähnen, dass du anrufen wirst, um zu bestätigen, dass der Recruiter deinen Lebenslauf erhalten und gelesen hat.

ANDERE ARTEN VON BRIEFEN BEI DER ARBEITSSUCHE

Folgebrief

Verwende diesen Brief nach dem Vorstellungsgespräch, um zu zeigen, dass du immer noch Interesse an der Stelle hast. Bedanke dich für die Zeit, die sich der Arbeitgeber genommen hat und bekräftige dein Interesse an der Stelle. Frage nach, wann der nächste Kontakt stattfinden wird und stelle dich zur Verfügung, um bei Bedarf weitere Informationen zu geben.

Angebotsannahmeschreiben

Dieser Brief drückt deine Dankbarkeit für das Angebot und die Annahme der Stelle aus.

Benutze dieses Schreiben, um zu bestätigen, dass du die Anforderungen der Stelle, das Gehalt und dein Startdatum verstanden hast.

Ablehnungsschreiben

Verwende diesen Brief, um deine Wertschätzung für das Jobangebot auszudrücken, aber lehne es taktvoll ab.

Beschreibe, wie du das Vorstellungsgespräch genossen hast und wie du von der Qualität des Unternehmens und der Menschen, die du getroffen hast, beeindruckt warst.

Erkläre höflich deine Gründe, warum du das Angebot nicht annimmst und bedanke dich für ihre Zeit während des Gesprächs.

Benutze ein Ablehnungsschreiben nicht, um ein besseres Angebot auszuhandeln. Dies sollte persönlich oder per Telefon geschehen.

Fragen und Antworten zum Motivationsschreiben

1. Wie kann ich die Informationen, die ich im Lebenslauf geschrieben habe, nicht wiederholen?

Wenn du ein Anschreiben haben möchtest, das einen Mehrwert für deinen Lebenslauf bietet, anstatt die Informationen zu wiederholen, versuche einige der folgenden Tipps:

- Es kann sein, dass es Elemente gibt, die in deinem Lebenslauf nicht hervorgehoben werden, die aber für den neuen Arbeitgeber von besonderer Bedeutung sind. Verwende diese Elemente in deinem Anschreiben.

- Der Arbeitgeber möchte wissen, wie groß deine Motivation ist. Warum willst du für diesen bestimmten Arbeitgeber arbeiten? Was interessiert dich an diesem Job? Die Beantwortung dieser und anderer Fragen wird den Personalverantwortlichen dazu bringen, dein Schreiben zu lesen.

2. Soll ich über meine Zeitlöcher oder berufliche Veränderungen sprechen?

Ja! Nutze den Brief, um offensichtliche Probleme mit der Glaubwürdigkeit oder Zuverlässigkeit anzusprechen.

Wenn du zum Beispiel eine Zeit lang arbeitslos warst oder dich beruflich verändern möchtest, fülle die Lücken in deinem Lebenslauf, indem du deine Gründe positiv erklärst.

Beschreibe, wie du diese Zeit genutzt hast, um wichtige persönliche Ziele zu erreichen oder für Bildungszwecke

Wenn du den Beruf gewechselt hast, erkläre warum und beschreibe die interessanten Herausforderungen und Möglichkeiten, die du in deinem neuen Beruf siehst. Nenne auch übertragbare Fähigkeiten und Fertigkeiten, die es dir ermöglichen, dich in der neuen Rolle auszuzeichnen.

3. Soll ich schreiben, dass ich bereit bin, alles zu tun?

Nein! Verzweiflung wird dir nicht helfen, einen Job zu bekommen. Konzentriere dich stattdessen auf einen bestimmten Job und zeige, warum du der Beste in dieser Rolle bist.

4. Muss ich über das Gehalt sprechen?

Gib keine Gehaltsvorstellungen an! Diese Punkte sollten während des Vorstellungsgesprächs oder am Telefon besprochen werden. Wenn du speziell nach dem Gehalt gefragt wirst, schreibe einfach, dass du zuversichtlich bist, ein faires und konkurrenzfähiges Gehalt zu erhalten, aber dass du es vorziehst, dies im Vorstellungsgespräch im Detail zu besprechen.

5. Brauche ich ein Anschreiben, wenn ich mich für eine interne Stelle bewerbe?

Natürlich auch, wenn du dich auf interne Positionen bewirbst. Achte darauf, dass du deinem aktuellen Manager mitteilst, dass du eine andere Position innerhalb des Unternehmens anstrebst und Unterstützung für eine berufliche Veränderung oder einen Aufstieg im Rang suchst, einschließlich der Bitte um eine positive Referenz.

6. Muss ich das Motivationsschreiben von Hand schreiben?

Ein Motivationsschreiben sollte immer maschinengeschrieben oder gedruckt sein. Es ist jedoch akzeptabel und sogar vorzuziehen, das Dankesschreiben nach dem Vorstellungsgespräch handschriftlich zu verfassen (wenn es die Auswahlzeit erlaubt).

7. Wie kann ich sicherstellen, dass mein Brief erfolgreich ist?

Lass mindestens einen Kollegen, ein Familienmitglied, einen Geschäftspartner, einen Freund oder einen Personalverantwortlichen das Schreiben lesen und bitte um Vorschläge und Feedback.

34. 25 TIPPS FÜR DAS SCHREIBEN EINES MOTIVATIONSSCHREIBENS

Denke daran, dass Arbeitgeber hunderte von Lebensläufen und Anschreiben erhalten. Dein Ziel ist es, dich von anderen Bewerbern abzuheben.

Ein gutes Motivationsschreiben stellt dich dem Arbeitgeber gut vor und erklärt, warum du einer der besten Kandidaten bist, die sie für diese Stelle beworben haben. Im Folgenden findest du Richtlinien, die dir helfen, ein Motivationsschreiben zu erstellen, das sich von der Masse abhebt.

1. Korrigiere den Buchstaben.

Schreibe wie ein Profi: keine Rechtschreibfehler, Tippfehler oder grammatikalische Fehler.

Oft werden Kandidaten wegen solcher Fehler "disqualifiziert".

2. Richte den Brief an die Person, die dich einstellen kann.

Rufe das Unternehmen an und finde den Namen und den Titel der Person heraus, an die du den Brief schicken musst. Das zeigt Initiative und Einfallsreichtum und wird den Leser positiv beeindrucken.

3. Schicke den Brief an eine Person, nicht an ein Unternehmen.

Verwende den Namen und Titel, wenn vorhanden. Das Ziel ist es, den Brief zu der Person zu bringen, die tatsächlich die Einstellung vornimmt und für die du arbeiten solltest.

4. Schreibe in deinen eigenen Worten.

Achte darauf, dass der Brief wie etwas von dir "klingt", nicht wie etwas aus einem Buch. Dein Motivationsschreiben sollte, wie dein Lebenslauf, ein genaues Spiegelbild deiner Persönlichkeit sein.

5. Bringe dein Grammatikbuch aus der Schule auf Vordermann.

Es ist wichtig, dass du in deinem Anschreiben so genau und professionell wie möglich bist, also zögere nicht, dir bei Grammatik, Rechtschreibung und Rechtfertigungskenntnissen helfen zu lassen.

6. Mache deutlich, dass du das Unternehmen und die Branche kennst.

Übertreibe es nicht: Mach einfach klar, dass du diese Firma nicht aus dem Telefonbuch ausgesucht hast. Du weißt, wer sie sind, was sie tun und warum du sie ausgewählt hast.

7. Verwende Begriffe und Formulierungen, die für den Arbeitgeber sinnvoll sind.

Passe dein Anschreiben so gut wie möglich an die Bedürfnisse des Arbeitgebers an. Dies erfordert, dass du über das Unternehmen, seine Kunden und deinen zukünftigen Job nachdenkst.

8. Füge eine Adresse (E-Mail und/oder physisch) und eine Telefonnummer hinzu.

9. Verwende einen förmlichen Ton

Bewirb dich als Profi.

Der Brief muss so nah wie möglich an einem Geschäftsvorschlag sein, um ein Interview zu bekommen. Was du anbietest, muss von Wert sein: einen Weg vorschlagen, um Geschäftsziele zu erreichen.

10. Denke an die Firma, nicht an dich.

Was kannst du für die Organisation tun? Das wird Interesse wecken und den Wunsch wecken, dich zu treffen.

11. Zeige Selbstvertrauen, aber keine Arroganz.

Wenn du alle Anforderungen für die Stelle erfüllst, erkläre dies im Brief. Hebe die gute Verbindung zwischen deinen Fähigkeiten und den Anforderungen hervor. Dies wird deine Vitalität als Kandidat hervorheben.

12. Sprich auch über dich als Individuum.

Schreibe darüber, was du willst, was du gemacht hast und warum du dich bewirbst, einschließlich persönlicher Zufriedenheit.

13. Gestalte den Brief passend zum Unternehmen.

Das heißt, schreibe, was du für den nächsten Arbeitgeber tun kannst.

14. Strukturiere deinen Brief so, dass jeder Teil ein bestimmtes Ziel erreicht.

Gib den Zweck des Briefes im ersten Absatz an. Halte den Brief geordnet. Entscheide, worüber du im Mittelteil sprechen willst, damit alle Punkte den Zweck verstärken.

15. Mache visuell auf deine Qualifikationen aufmerksam.

Verwende Fettschrift oder Aufzählungspunkte.

Sei stattdessen vorsichtig mit Unterstreichungen, da die Linie oft zu nah am Wort gedruckt wird und es die Lesbarkeit verringert.

16. Schreibe maximal eine Seite!

Halte den Brief einfach und sauber.

Verwende nicht mehr als sieben Zeilen, vorzugsweise fünf oder weniger, pro Absatz.

Kein Satz sollte sehr lang sein, aber gleichzeitig solltest du nicht den Eindruck erwecken, dass du einen Strom von sehr kurzen, voneinander getrennten Sätzen geschrieben hast.

17. Demonstriere deine Fähigkeiten.

Für jede Position gibt es zwei Arten von Fähigkeiten: die Grundfähigkeiten, die jeder ernsthafte Kandidat haben sollte, und eine viel breitere Palette von Fähigkeiten, die für den Arbeitgeber nützlich sein könnten, aber über die Grundanforderungen hinausgehen.

Wenn du Ersteres hast, bist du akzeptabel, wenn du Letzteres hast, wirst du begehrenswert!

18. Schreibe originelle Briefe.

Verschicke keine Briefe, die nach Massenware aussehen und schreibe das Motivationsschreiben nicht mit der Hand (eingefleischter Brauch)!

19. Schreibe einen Brief, der direkt auf den Punkt kommt.

Dein Anschreiben sollte zwei wichtige Punkte abdecken:

- was du für das Unternehmen tun kannst

- die Dinge, die du anbieten kannst, die das Unternehmen am meisten braucht

Über beide Punkte schreiben die Leute nichts. Sie verbringen ihre ganze Zeit damit, über sich selbst zu erzählen, wenn sie sich darauf konzentrieren sollten, wie sie dem Unternehmen nützen werden. Das ist es, was der Arbeitgeber wichtig findet.

20. Füge eine Kopie deines Lebenslaufs bei.

Denke daran, dass der Zweck eines Anschreibens darin besteht, deinen Lebenslauf in die Hände des Arbeitgebers zu bringen und ein Vorstellungsgespräch zu bekommen. Vergiss also nicht, eine Kopie deines Lebenslaufs beizulegen!

21. Vermeide es, einen Brief zu schreiben, der für alle passt.

Ein Brief, der an jeden Arbeitgeber geschickt werden könnte, indem man einfach den Firmennamen ersetzt, ist unnötig und schädlich.

22. Wecke sofort Interesse.

Es gibt viele Möglichkeiten, den Brief zu eröffnen. Egal welche Eröffnung du verwendest, komm schnell auf den Punkt, aber wecke die Aufmerksamkeit des Lesers. Wenn du dich schnell darauf konzentrierst, wie du zur Organisation beitragen kannst, hast du eine starke Eröffnung.

23. Füge kein Foto ein!

Ein Arbeitgeber muss dich bei einem Vorstellungsgespräch sehen; bis dahin hilft dir ein Foto nicht, einen Fuß in die Tür zu bekommen!

24. Formatiere den Text!

Vermeide das Blocksatzformat für eine halbe Seite Brief, aber achte trotzdem darauf, nicht schlampig auszusehen. Das Aussehen des Briefes sollte professionell sein.

25. Vervollständige den Brief mit einer Bitte.

Das primäre Ziel des Briefes ist es, wie schon so oft erwähnt, ein Vorstellungsgespräch zu bekommen. Sag, dass du innerhalb einer Woche zurückrufen wirst, um zu erfahren, ob du berücksichtigt wurdest.

Das kann ausreichen, um sie davon zu überzeugen, deinen Brief in den Händen zu halten und ihn sich genauer anzusehen.

35. LÖHNE VERHANDELN

Manche Arbeitgeber beginnen vor dem Vorstellungsgespräch mit Fragen nach dem gewünschten Gehalt.

Sie tun dies nicht aus Böswilligkeit (zumindest nicht alle!): Sie wollen einfach nur verstehen, ob deine Gehaltsvorstellungen innerhalb des Firmenbudgets liegen, das für diese Position vorgesehen ist.

Wie schon oft in diesem Buch erwähnt, läufst du Gefahr, wenn du zu Beginn eine Zahl nennst, die zu hoch für ihr Budget ist (und du wirst sofort aus der Auswahl gestrichen), oder sogar noch niedriger und riskierst, weniger zu verdienen als das, was dasselbe Unternehmen budgetiert hatte!

Bevor du über das Gehalt sprichst, musst du dich selbst, deine Fähigkeiten, Fertigkeiten und Erfahrungen verkaufen. Maximiere deinen Wert in den Augen des Arbeitgebers, bevor du über Geld sprichst.

Wenn sie dich wirklich dazu zwingen, Zahlen zu nennen, gib nach dem Sondieren der Gehaltsspanne für die Position in dieser bestimmten geografischen Region eine Spanne an, die von deinem Wunschgehalt bis zu 20% über dem Maximalgehalt beginnt, das typischerweise für diese Rolle in dieser Region gegeben wird. Denke daran, sage nicht den Betrag deines Mindestlohns, den du akzeptieren würdest, sondern den Betrag, den du willst! In jedem Fall ist die wichtigste Technik, die du anwenden solltest, die Diskussion über das Gehalt bis zum Ende des Gesprächs zu verschieben, nachdem du die Chance hattest, dich dem Arbeitgeber zu verkaufen.

So verhandeln Unternehmen die Löhne

Wenn du über dein Gehalt verhandelst, solltest du bedenken, dass die meisten Unternehmen in eine der folgenden Kategorien fallen, wenn sie das angemessene Gehalt für eine bestimmte Stelle festlegen:

- Offene Spanne. Es gibt kein festes Gehalt für diese Position und die Entlohnung richtet sich ganz nach den Fähigkeiten und der Erfahrung des Bewerbers und danach, was er für den Job mitbringt. Offensichtlich ist dies das beste Szenario für dich.

- Bereich definiert. Das Gehalt für die Position hat eine Spanne. Die Kandidaten werden anhand ihres Wertes bewertet, um festzustellen, wo sie in der Spanne liegen. In diesem Fall verkaufst du dich unter Wert, um zu rechtfertigen, dass du das maximal mögliche Gehalt verdienst.

- Das Gehalt steht fest. Auch wenn das Gehalt bereits festgelegt ist, heißt das nicht, dass du nicht verhandeln kannst. Es gibt andere Formen der Vergütung: zusätzliche Urlaubstage, Firmenwagen, Einstellungsprämien, etc.

Frage nach dem Budget, das das Unternehmen für den Arbeitsplatz hat

Wenn sie es dir sagen (das dürfen sie), nimm den maximalen Betrag und überzeuge sie, warum du es verdient hast!

Hier ist, wann du deinen Gehaltsverlauf angeben kannst

Wenn du in der Vergangenheit ein Gehalt auf oder über dem Marktwert für diese Position hattest und du nicht nach einer großen Gehaltserhöhung suchst, dann kannst du einem potenziellen Arbeitgeber deine bisherige Gehaltshistorie vorlegen.

Aber achte darauf, dass du alles bezifferst: zusätzliche Monatsgehälter, Boni und andere Vorteile.

Sag ihnen, dass du die Gehaltsspanne für diesen Job kennst

So motiviert dich die Tatsache, dass deine Fähigkeiten und Qualifikationen dich am oberen Ende dieser Spanne positioniert haben.

36. TECHNIKEN FÜR LOHNVERHANDLUNGEN

Schweigen

Eine der besten Taktiken ist es, deine Reaktion auf ein Angebot nicht zu äußern. Wenn dich das Angebot nicht reizt, kannst du einfach schweigen. Ein paar Sekunden des Schweigens werden den Recruitern Unbehagen bereiten und den Eindruck vermitteln, dass du mit dem Angebot nicht ganz zufrieden bist, was sie dazu veranlasst, mehr anzubieten.

Erweitert die Verantwortlichkeiten im Job

Zeige auf, wie die Aufgaben der betreffenden Stelle einen signifikanten Einfluss auf das Geschäft des Unternehmens haben. In Zukunft wird deine Leistung die Erwartungen des Arbeitgebers bei weitem übertreffen und somit deine Forderung nach einem höheren Gehalt rechtfertigen.

Hebe deinen Mehrwert hervor

Zeige konkret auf, was du zum Wohle des Unternehmens tun kannst und prognostiziere, wie erfolgreich du in dem Job sein wirst, wiederum um deine Gehaltsforderung zu rechtfertigen.

Frage, ob es möglich ist zu verhandeln

Eine direkte Herangehensweise ist es, den Arbeitgeber zu fragen, ob es möglich ist, den für die Stelle erwarteten Betrag zu verhandeln oder nicht.

Überprüfe das Angebot

Die meisten Arbeitgeber wollen ihren Mitarbeitern ein faires Vergütungspaket bieten. Das senkt die Fluktuation der Mitarbeiter und spart langfristig Geld, denn die Einstellung und Ausbildung neuer Mitarbeiter ist teuer.

Wenn du das Angebot erhältst, informiere den potenziellen Arbeitgeber, dass du ein oder zwei Tage brauchst, um darüber nachzudenken, auch wenn du unbedingt annehmen willst: Nimm niemals eine Stelle sofort an!

Wenn ein Arbeitgeber denkt, dass du der beste Kandidat für diese Stelle bist, kann ein Zögern, sofort anzunehmen, ihn dazu veranlassen, das Angebot zu erhöhen. Studiere die anderen Vorteile, die sie in die Waagschale werfen (falls es welche gibt), und entscheide, ob sie deinen Bedürfnissen entsprechen. Denke daran, dass du nach einer Lösung suchst, die für beide Parteien fair ist.

Wenn das Gesamtangebot zu niedrig ist, mache ein Gegenangebot. Nutze die Informationen, die du über die Gehaltsspanne für diese Stelle gesammelt hast, und erkläre und begründe wie immer, warum du eine höhere Summe verdienst.

Wenn das Gehalt aufgrund der Firmenpolitik nicht verhandelbar ist, versuche alles andere im Angebot zu verhandeln.

In der Tat ist das Gehalt nicht die einzige Komponente des gesamten Vergütungspakets. Es gibt noch andere Faktoren, die berücksichtigt werden müssen, einige mit klarem "finanziellen" Wert und andere, die einen "Lebensqualitäts"-Wert bieten.

Zusätzliche finanzielle Faktoren

- Krankenversicherung, die auch zahnärztliche und visuelle Leistungen umfassen kann

- Lebensversicherung

- Produktivitätsbonus am Ende des Rechnungsjahres

- Rückerstattung von berufsbezogenen Ausbildungskosten

- Kinderzimmer für deine Kinder

- kostenlose Mitgliedschaft im Fitnessstudio

- Firmenwagen

- Diensthandy

- Rechtsberatung

- Mutterschafts- oder Vaterschaftsurlaub

- Aktienoptionen

- Umzugspaket

- Promotionen alle 3/6 Monate möglich

Faktoren, die die Lebensqualität verbessern

- Urlaubsmenge

- flexibler Zeitplan

- einen oder mehrere Tage pro Woche von zu Hause aus arbeiten

- gute Beziehungen zu Vorgesetzten und Kollegen

- Interesse an der Art der Arbeit

- benötigte Wochenstunden

- Arbeitsumfeld

- berufliche Anerkennung

- berufliche Aufstiegsmöglichkeiten

- physischer Standort des Unternehmens

- Zeit für den Weg zur Arbeit

37. FRAGEN UND ANTWORTEN ZUM GEHALT

1. Warum ist das Einstiegsgehalt so wichtig?

Dein Einstiegsgehalt wird dein zukünftiges Gehalt bestimmen, da die meisten Unternehmen jährliche Gehaltserhöhungen auf Basis eines Prozentsatzes deines aktuellen Gehalts gewähren, und weil dieses Gehalt die Basis ist, auf der du die Verhandlungen für deinen nächsten Job beginnst. Wenn die nächste Stelle ihr Angebot an dich auf deine Gehaltsentwicklung stützt, ist ein höheres Einstiegsgehalt sogar von Vorteil.

2. Sind die Arbeitgeber in einer günstigen Verhandlungsposition?

In der Realität ist niemand auf dem Fahrersitz, wenn es um den Jobmarkt geht.

Es ist wahr, dass es für dich notwendig ist, eine gute Beschäftigung zu haben, aber es ist auch wahr, dass der Arbeitgeber gute Mitarbeiter braucht. Sowohl du als auch er haben ein Bedürfnis: keine der beiden Parteien hat einen wirklichen Vorteil.

3. Sollte ich ein niedrigeres Gehalt akzeptieren mit dem Versprechen, es in kurzer Zeit zu erhöhen?

Normalerweise, nein. Du würdest dein Gehalt in kurzer Zeit ein weiteres Mal neu verhandeln, und trotzdem würde diese Entscheidung zu Stress führen.

Ich empfehle dir, die Annahme eines solchen Angebots nur dann in Betracht zu ziehen, wenn der Arbeitgeber die Leistungskriterien genannt hat, anhand derer er dir in Zukunft ein höheres Gehalt geben kann, sowie den Zeitraum, nach dem die Gehaltsüberprüfung ausgelöst wird.

Alles muss in den Vertrag geschrieben werden.

4. Was tue ich, wenn mein aktuelles Unternehmen ein Gegenangebot macht?

Wenn du nur aus Gehaltsgründen einen neuen Job suchst, besprich dies mit deinem aktuellen Arbeitgeber, bevor du mit der Suche beginnst.

Aber wenn es neben dem Gehalt noch andere Gründe gibt, musst du dir im Vorfeld überlegen, was ein Gegenangebot ist, das dich zum Bleiben bewegen könnte.

Bleib ehrlich: Wenn du einen neuen Job gefunden hast und bei deinem alten kündigst, solltest du in deinem Kündigungsschreiben schreiben, dass du kein Gegenangebot annehmen wirst. Der alte Arbeitgeber wird es zu schätzen wissen.

Schließlich solltest du es vermeiden, den Gegenvorschlag, den du erhalten hast, als Mittel zu nutzen, um dein Gehalt mit dem neuen Unternehmen neu zu verhandeln. Wenn du mit zwei Unternehmen spielst, kann das zu Rückschlägen auf beiden Seiten führen, und du läufst Gefahr, beide Positionen zu verlieren.

5. Was ist, wenn meine Gehaltsvorgeschichte geringer ist als das Gehalt, das ich anstrebe?

Mach dir keine Sorgen. Es ist vernünftig, eine Gehaltserhöhung zu erwarten, wenn du von einem Job zum anderen wechselst. Du hast Fähigkeiten und Erfahrungen erworben, die deinen Beruf aufwerten, und es ist in Ordnung, nach mehr Geld zu fragen.

Wenn das Gehalt, das du verlangst, viel höher ist als deine bisherigen Gehälter, musst du deinen zukünftigen Arbeitgeber davon überzeugen, dass du das ganze Geld verdient hast!

Beweise, wie du mittlerweile weißt, dass deine Fähigkeiten und Erfahrungen einen Mehrwert für das Unternehmen darstellen werden.

38. DIE 25 TIPPS FÜR GEHALTSVERHANDLUNGEN

Hier ist eine Liste mit Tipps für die Gehaltsverhandlung.

1. Maximiere deine Erfahrungen aus der Vergangenheit.

Sei dir bewusst, was du erreicht hast. Bringe deine Erfahrungen aus der Vergangenheit als Werkzeug für die Gehaltsverhandlung mit an den Verhandlungstisch.

2. Erstelle eine Liste mit dem, was du zu bieten hast.

Du musst wissen, was du einem Arbeitgeber zu bieten hast. Mache eine Liste mit deinen Fähigkeiten, Fertigkeiten, Talenten und Kenntnissen.

Du musst bereit sein zu zeigen, wie viel Wert du in die Gesellschaft einbringen kannst.

3. Nutze die Tatsache, dass sie schnell suchen, zu deinem Vorteil.

Wenn es sich um eine kritische Position handelt, die schnell besetzt werden muss, und du der einzige Kandidat mit den nötigen Qualifikationen bist, hast du mehr Verhandlungsmacht.

4. Warte.

Sprich nicht über das Gehalt, bevor du die Stelle angeboten bekommen hast.

5. Zeigt Begeisterung, zögert aber.

Stelle zunächst sicher, dass du den Job willst und begeistert davon bist, und lass das den Arbeitgeber wissen.

Aber lass sie auch wissen, dass du zögerst, weil das angebotene Geld weniger ist, als du verdienst.

6. Sprich während der Verhandlung nicht über persönliche Bedürfnisse.

Sprich nicht über die Tatsache, dass du Familie hast oder über die Lebenshaltungskosten. Das wird dich in den meisten Fällen nicht sehr weit bringen.

7. Lege einen Aktionsradius fest.

Bestimme den Mindestlohn, den du akzeptieren kannst, um das Leben zu erhalten, das du führen möchtest.

Natürlich solltest du bei den Verhandlungen nicht von diesem Lohn ausgehen: Betrachte ihn einfach als das Existenzminimum, unter das du nicht gehen kannst.

8. Sei bereit mit Gehaltsoptionen.

Wenn du ein Gehalt vorschlagen sollst, schlage eine Zahl vor, die etwas höher ist als dein ideales Gehalt (ideal, nicht minimal). Es ist immer Zeit, die Latte niedriger zu legen!

9. Denke daran, dass der Arbeitgeber ein Budget hat.

Wenn du verstehst, dass die meisten Arbeitgeber ein Budget für die Stelle haben, wird dir klar, dass sie dir ein Gehalt anbieten werden, das am unteren Ende dieses Budgets liegt, um sich etwas Verhandlungsspielraum zu leisten. Mit anderen Worten, sie werden fast immer versuchen, dir weniger zu zahlen als du verdienst, aber du beweist deinen Wert!

10. Lass sie den ersten Schritt machen

Wenn die Gehaltsfrage zu früh kommt, versuche ihr mit einer Aussage auszuweichen wie: "Ich bin offen dafür, mein Gehalt zu besprechen, aber ich möchte damit warten, bis ich mehr über die betreffende Rolle verstanden habe und somit zeigen kann, wie meine Erfahrung dem Unternehmen zugute kommt."

11. Arbeitgeber bevorzugen Kandidaten, die verhandeln.

Denke daran, dass potenzielle Arbeitgeber oft positiv auf den Kandidaten schauen, der über das Gehalt verhandelt.

Es verstärkt den Gedanken, dass sie die richtige Entscheidung getroffen haben, indem sie dir den Job angeboten haben.

Sie werden der Meinung sein, dass wenn du in der Lage bist, dich um deine eigenen Interessen zu kümmern, wirst du wahrscheinlich auch in der Lage sein, dich um die Interessen der Gesellschaft zu kümmern.

12. Vergleiche das Gehalt mit dem Marktdurchschnitt.

Kenne das durchschnittliche Gehalt von Leuten, die den gleichen Job wie du in der gleichen geografischen Region machen. Behalte diese Zahlen im Hinterkopf, wenn du verhandelst.

Wenn du keine Gehaltsinformationen über die betreffende Stelle finden kannst, nutze dein Netzwerk. Frage Kollegen in deiner Branche, ehemalige Arbeitgeber, Mitglieder von Berufsverbänden, andere Personalvermittler, Jobcenter.

13. Vergleiche das Gehalt unter Berücksichtigung der geografischen Lage.

In deinem vorherigen Punkt, meinst du nicht ein ganzes Land als geografisches Gebiet, sondern eine einzelne Stadt. Die Gehälter variieren stark von Norden nach Süden, ob der Job auf dem Land oder in urbanen Gebieten liegt, sogar in der gleichen Nation.

14. Gut verkaufen.

Es betont die Gründe, warum du der beste Kandidat für die Stelle bist, antizipiert mögliche Schwächen in deiner Berufserfahrung und hält dich bereit, Fragen zu diesen Schwächen zu beantworten!

15. Sei darauf vorbereitet, deinen Gehaltsverlauf zu erklären.

Wenn dein vorheriges Gehalt höher als der Marktdurchschnitt war, erkläre, warum du dieses zusätzliche Geld verdient hast. Wenn dein vorheriges Gehalt hingegen unter dem Durchschnitt lag, solltest du erklären, welche zusätzlichen Vorteile du während deiner Arbeit hattest, die das geringere Gehalt ausgleichen.

16. Antizipiere die Einwände des Arbeitgebers.

Der Arbeitgeber wird Einwände gegen dein gewünschtes Einkommen haben, weil er sich diesen Betrag nicht leisten kann oder er denkt, dass du diesen Betrag nicht wert bist.

Überlege dir im Voraus, wie du diese Herausforderungen meistern willst.

17. Diskutiere auf eine freundliche Art und Weise.

Sei liebenswürdig und sympathisch in der Verhandlung, nicht im Konflikt.

Mache dem Arbeitgeber klar, dass du auf der gleichen Seite stehst wie er und dass ihr gemeinsam daran arbeitet, einen Ausgleich zu finden, der allen Bedürfnissen gerecht wird - kurz gesagt, du willst eine Win-Win-Situation für beide.

18. Kläre alle Zweifel, bevor du über das Gehalt verhandelst.

Du wirst mehr Einfluss haben, wenn das Gehalt die einzige Quelle des Zögerns ist. Stelle sicher, dass es seitens des potentiellen Arbeitgebers absolut keinen Zweifel daran gibt, dass du der beste Kandidat für die Stelle bist.

19. Rechtfertige deine Kosten mit deiner Effektivität.

Erkläre dem Unternehmen, wie deine Fähigkeiten und Erfahrungen dazu beitragen, die Kosten zu senken oder den Umsatz zu steigern. Dann hast du ein gutes Mittel, um eine höhere Bezahlung zu rechtfertigen.

20. Ruhig bleiben.

Wenn du das Angebot erhalten hast, es dir aber zu niedrig erscheint, schweige, als ob du darüber nachdenkst. Damit drückst du deine Unzufriedenheit mit dem erhaltenen Angebot aus und das peinliche Schweigen kann den Personalverantwortlichen dazu veranlassen, dir ein besseres Angebot zu unterbreiten.

21. Frage nach weiteren Vorteilen.

Wenn das Unternehmen sich ein höheres Gehalt nicht leisten kann, versuche nach anderen Vorteilen zu fragen: Firmenwagen, Produktivitätsboni, Aktienoptionen, Gewinnbeteiligung, zusätzliche Urlaubstage.

22. Wenn du nicht über das Gehalt verhandeln kannst, verhandle über die Anzahl der Arbeitsstunden.

Ziehe in Erwägung, weniger Stunden oder auf Beratungsbasis zu arbeiten, oder vier Tage die Woche. Wenn sie nicht von dieser Zahl herunterkommen, reduziere die Anzahl der geleisteten Stunden!

23. Ziehe einen Einstellungsbonus in Betracht.

Manchmal bieten Unternehmen einmalige Geldprämien oder "Einstellungsprämien" an, um unentschlossene Kandidaten zu locken. Schlage diese Option als Alternative vor, basierend auf deinen Qualifikationen.

24. Denke auch über zukünftige Verhandlungen nach.

Du kannst auch ein Gehalt akzeptieren, das etwas unter deinen Erwartungen liegt, wenn du verstehst, dass in dem Unternehmen Beförderungen, nicht nur der Rolle, sondern auch der Bezüge, die Praxis sind.

Aber, ich wiederhole, du musst dir sicher sein: in vielen Unternehmen wird eine Gehaltserhöhung erst nach Jahren diskutiert, und sie wird mickrig sein!

25. Lass es gehen, wenn das der Fall ist.

Verlasse den Verhandlungstisch, wenn du mit dem Gehaltsangebot und den Leistungen, die sie dir anbieten, nicht zufrieden bist.

Milton Keynes UK
Ingram Content Group UK Ltd.
UKHW040734090924
448088UK00001B/200